토익
보카

토익 보카

지은이 넥서스 TOEIC연구소
펴낸이 임상진
펴낸곳 (주)넥서스

초판 1쇄 발행 2012년 10월 5일
초판 6쇄 발행 2014년 12월 5일

2판 1쇄 발행 2015년 10월 20일
2판 3쇄 발행 2023년 6월 1일

출판신고 1992년 4월 3일 제311-2002-2호
주소 10880 경기도 파주시 지목로 5
Tel (02)330-5500 Fax (02)330-5555

ISBN 979-11-5752-553-9 13740

www.nexusbook.com

절대 실패하지 않는
100%
토익 기출 어휘

토익 보카

넥서스 TOEIC연구소 지음

넥서스

아무리 공부해도 오르지 않는
토익 점수에 한숨만 늘어갑니다.
점수가 쑥쑥 올라가는 친구들을 보면서
나는 언제쯤 원하는 점수를 얻을 수 있을지,
나도 공부를 안 하는 것은 아닌데
뭐가 문제인지 괴로운 심정이 됩니다.

그래도 해야 하니까, 할 수 있으니까
다시 토익 책을 폅니다. 하지만
페이지 가득 모르는 단어투성이입니다.
다시 책을 덮고 말지요.

처음으로 돌아가서
단어부터 시작해 보는 것은 어떨까요?
실전 문제를 풀면서 모르는 단어 때문에
좌절하기보다는 그전에 기본을 탄탄히
익히는 것이 더 중요합니다.

그럼 아무 단어나 외울까요?
토익에 나오는 비즈니스 영어를 외워야 합니다.
수준을 낮춘다고 중학생, 고등학생이 보는 단어장을
볼 수는 없습니다.
작고 깔끔한 넥서스 토익 보카로 공부하세요.

4

비즈니스 영어가 중심인 토익 전 영역에서
가장 자주 나오는 중요한 단어들을
40개씩 선정해 24개 Day에 담았습니다.
이 단어들을 우선 외우고,
Bonus Voca로 보완하세요.

QR코드를 이용해
미국식 발음과 영국식 발음을
비교해 가면서 듣는 것도 잊지 마세요.

토익 보카에는 예문이 없습니다. 길고 어려운 예문은 불필요할 뿐,
표제어가 문장에서 어떻게 쓰이는지 핵심만 알면 실전에서 문제없습니다.

어휘력은 반복 학습이 생명입니다.
토익 단어장을 항상 넣고 다니며 반복에 반
복, 또 반복해서 보세요.

이 책을 통해 어휘 실력도 쌓고
토익 점수도 팍팍 오르길 바랍니다.

넥서스 TOEIC연구소

Contents

DAY

DAY

Structure&Features

최신 기출 어휘

001 ·
amusing
[əmjúːziŋ]

형 재미있는, 즐거운

📍 amusing facilities 재미있는 시설

정기 시험 최신 기출 어휘 특별 수록

최근 토익 시험 2년 치를
완벽하게 분석하여
중요 어휘 위주로 정리

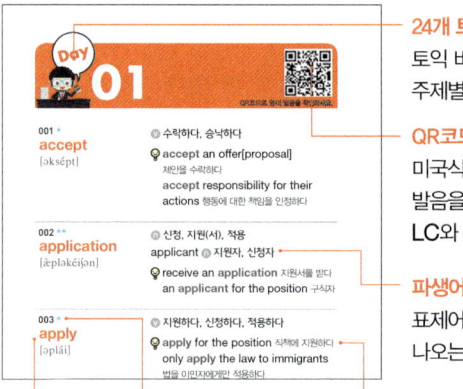

Day 01

001 ·
accept
[əksépt]

⊙ 수락하다, 승낙하다
⊙ accept an offer[proposal]
제안을 수락하다
accept responsibility for their
actions 행동에 대한 책임을 인정하다

002 ·
application
[æpləkéiʃən]

⊙ 신청, 지원(서), 적용
applicant ⋒ 지원자, 신청자
⊙ receive an application 지원서를 받다
an applicant for the position 구직자

003 ·
apply
[əplái]

⊙ 지원하다, 신청하다, 적용하다
⊙ apply for the position 직책에 지원하다
only apply the law to immigrants
법을 이민자에게만 적용하다

24개 토픽

토익 비즈니스 영어를
주제별로 정리

QR코드

미국식과 영국식
발음을 들으며
LC와 Speaking 대비

파생어

표제어만큼 자주
나오는 파생어 정리

표제어

하루에 딱 40개
씩 공부하는 토
익 빈출 어휘

중요도 표시

별 1개부터 3개까지
단어 수준 표시

토익 빈출 표현 💡

생생한 비즈니스
핵심 표현 암기

영·미 발음 MP3 파일 다운로드
독학용 무료 학습 자료 4종 다운로드
Daily Test 해석 파일 다운로드

www.nexusbook.com

❯❯ Bonus Voca

40개 표제어로 부족하다면
적극 활용할 수 있는 보너스

Daily Test ❮❮

실전 토익 준비를 위한 마무리 연습
그날 배운 것은 그날 점검

💬 일러두기

ⓝ 명사　　**ⓥ** 동사　　**adj** 형용사　　**adv** 부사
ⓟ 명사의 복수형　　**prep** 전치사

★　　토익에서 반드시 외워야 하는 단어
★★　　기본에서 업그레이드되는 단어
★★★　　어렵지만 알아두면 좋은 단어

학습 일정표

일정에 맞추어 공부하고 체크하세요. Day 24가 끝나면 다시 Day 01부터 시작하세요. 어휘는 반복 학습이 생명입니다.

4주 완성

	1st week	2nd week	3rd week	4th week
Mon	Day 1 ☐☐☐	Day 7 ☐☐☐	Day 13 ☐☐☐	Day 19 ☐☐☐
Tue	Day 2 ☐☐☐	Day 8 ☐☐☐	Day 14 ☐☐☐	Day 20 ☐☐☐
Wed	Day 3 ☐☐☐	Day 9 ☐☐☐	Day 15 ☐☐☐	Day 21 ☐☐☐
Thu	Day 4 ☐☐☐	Day 10 ☐☐☐	Day 16 ☐☐☐	Day 22 ☐☐☐
Fri	Day 5 ☐☐☐	Day 11 ☐☐☐	Day 17 ☐☐☐	Day 23 ☐☐☐
Sat	Day 6 ☐☐☐	Day 12 ☐☐☐	Day 18 ☐☐☐	Day 24 ☐☐☐

2주 완성

	1st week	2nd week
Mon	Day 1, 2 ☐☐☐	Day 13, 14 ☐☐☐
Tue	Day 3, 4 ☐☐☐	Day 15, 16 ☐☐☐
Wed	Day 5, 6 ☐☐☐	Day 17, 18 ☐☐☐
Thu	Day 7, 8 ☐☐☐	Day 19, 20 ☐☐☐
Fri	Day 9, 10 ☐☐☐	Day 21, 22 ☐☐☐
Sat	Day 11, 12 ☐☐☐	Day 23, 24 ☐☐☐

시험 전에 〈최신 기출 어휘〉, 〈고득점 대비 어휘〉, 〈시험 직전 최종 어휘〉로 최종 점검을 해 보세요

최신 기출 어휘

최신 기출 어휘

QR코드로 발음을 확인하세요.

---

001 ★
amusing
[əmjúːziŋ]

`adj` 재미있는, 즐거운

💡 **amusing** facilities 재미있는 시설

---

002 ★
aspiring
[əspáiəriŋ]

`adj` 장차 ~가 되려는, 야심이 있는

💡 an **aspiring** entrepreneur
야심찬 기업가

---

003 ★★★
assembly
[əsémbli]

`n` 의회, 모임, 조립

💡 a staff **assembly**
직원 모임
an **assembly** line
조립 라인

---

004 ★★★
basis
[béisis]

`n` 근거, 이유, 기준(단위)

💡 on a first-come-first-served **basis**
선착순으로
on a regular **basis**
정기적으로

005 ⭐
budgeting
[bʌ́dʒitiŋ]

🅝 예산 짜기

💡 a **budgeting** seminar
예산 세미나

---

006 ⭐⭐
canopy
[kǽnəpi]

🅝 (침대 위에 지붕처럼 늘어뜨린) 덮개

💡 under a **canopy** 차양 아래에

---

007 ⭐⭐
chore
[tʃɔːr]

🅝 일, 허드렛일

💡 a list of **chores** 일의 목록
household **chores** 집안일

---

008 ⭐⭐⭐
commonly
[kámənli]

🄰🄳🅅 흔히, 보통

💡 **commonly** known as drones
흔히 드론으로 알려진
the most **commonly** used
marketing strategy
가장 흔히 사용하는 마케팅 전략

009 ★★
courtesy
[kə́ːrtəsi]

🔵 공손함, 호의

🔲 무료의

courteous 🔲 공손한, 정중한

💡 a **courtesy** bus 무료 버스
by **courtesy** of the school
학교 측의 호의로

010 ★★★
deduct
[didʌ́kt]

🔵 공제하다

💡 **deduct** expenses
비용을 공제하다

011 ★★★
distinctive
[distíŋktiv]

🔲 독특한, 특유의

💡 **distinctive** fashion accessories
독특한 패션 소품
a **distinctive** accent
특유의 억양

012
edge
[edʒ]

🔵 끝, 모서리, 우위, 강점

💡 a competitive **edge**
경쟁 우위

013 ★
financier
[fìnənsíər]

🄝 자본가, 금융업자

💡 a well-known **financier**
유명한 금융업자

---

014 ★★
fragment
🄝[frǽgmənt]
🅥[frǽgment]

🄝 조각, 파편

🅥 산산이 부수다

💡 **fragments** of glass
유리 파편
fragment into small pieces
산산조각 나다

---

015 ★★
front-runner
[frʌntrʌnər]

🄝 가장 유력한 우승 후보

💡 a **front-runner** for the editing
position 편집자 자리의 가장 유력한 후보

---

016 ★★★
gently
[dʒéntli]

adv 다정하게, 부드럽게

💡 open the cover **gently**
뚜껑을 부드럽게 열다
lay the baby down **gently**
아기를 부드럽게 눕히다

017 ★★★
illuminate
[ilúːməneit]

Ⓥ 비추다, 밝히다

💡 **illuminate** the classroom
교실을 밝히다

---

018 ★★
impractical
[impræktikəl]

adj 터무니없는, 비현실적인

💡 considered **impractical**
비현실적이라고 여겨지는

an **impractical** plan
비현실적인 계획

---

019 ★
itemize
[áitəmáiz]

Ⓥ 항목별로 적다, 명세서를 작성하다

💡 an **itemized** expense report
항목별로 분류된 지출 보고서

itemize your tax deductions
당신의 세금 공제를 항목별로 적다

---

020 ★
jeopardy
[dʒépərdi]

ⓝ 위험

jeopardize Ⓥ 위태롭게 하다

💡 the contract in **jeopardy**
위험에 처한 계약

021 ★★★
lengthen
[léŋθən]

Ⓥ 늘이다, 길어지다

💡 **lengthen** our stay
우리의 체류를 연장하다

022 ★★
lingering
[líŋɡəriŋ]

adj 사라지지 않고 오래가는, 계속 남아 있는

💡 **lingering** problems 남아 있는 문제들

023 ★★★
noticeable
[nóutisəbl]

adj 뚜렷한, 분명한

💡 a **noticeable** location 눈에 띄는 장소
a **noticeable** change 현저한 변화

024 ★★★
optimal
[áptəməl]

adj 최선의, 최상의, 최적의

💡 an **optimal** level
최적의 수준
an **optimal** environment
최적의 환경

025 ★★★
paycheck
[péitʃek]

🔵 급료, 지불 수표

💡 a first paycheck
첫 급료

issue a paycheck
지불 수표를 발행하다

---

026 ★
predetermine
[priːditə́ːrmin]

🟣 미리 결정하다

💡 predetermined fees
미리 정해진 요금

---

027 ★
replenish
[ripléniʃ]

🟣 다시 채우다, 보충하다

💡 replenish the supply
공급을 보충하다

replenish the glass with water
잔에 물을 다시 채우다

---

028 ★★★
sculpture
[skʌ́lptʃər]

🔵 조각품

💡 an impressive sculpture
인상적인 조각품

029 ★
securely
[sikjúəli]

adv 단단히, 확실하게, 안전하게

💡 **securely** fastened
단단히 묶인

securely store personal belongings
개인 소지품을 안전하게 보관하다

030 ★★★
solidity
[səlídəti]

n 견고함, 확고함

💡 assess it's **solidity**
견고함을 평가하다

031 ★★
split
[split]

v 분열되다, 분열시키다

n 분열, 불화

💡 **split** in half 반으로 나누다
split the bill 각자 계산하다

032 ★
subside
[səbsáid]

v 가라앉다, 진정되다

💡 as soon as the rain **subsides**
비가 잦아들자마자

033 ★★
token
[tóukən]

🅝 표시, 징표

💡 a **token** of my appreciation
감사의 징표

---

034 ★★★
transmission
[trænsmíʃən]

🅝 전염, 전파, 전달, 전송, 송신,
(자동차) 변속기

transmit 🅥 전송하다

💡 a **transmission** of the message
메시지 전송

automatic **transmission** 자동 변속기

---

035 ★★
understandably
[ʌndərstǽndəbli]

adv 당연하게도, 당연히

💡 very popular and **understandably**
so 매우 인기 있고 당연한 일인

---

036 ★★★
unwanted
[ʌnwántid]

adj 원치 않는, 불필요한

💡 an **unwanted** product
원치 않는 제품

an **unwanted** guest
불청객

037 ★
versatile
[və́ːrsətl]

adj 다재다능한

💡 a **versatile** person 다재다능한 사람
a **versatile** plant 다용도 식물

038 ★
widening
[wáidniŋ]

n 넓히는 것, 확장

💡 the **widening** of the road
도로 확장 공사

039 ★★★
wireless
[wáiərlis]

n 라디오, 무선
adj 무선의

💡 **wireless** Internet service
무선 인터넷 서비스
wireless personal communication
systems
무선 개인 통신 시스템

040 ★★
worsen
[wə́ːrsn]

v 악화되다, 악화시키다

💡 expect its sales to **worsen**
매출이 악화될 것으로 예상하다

Daily TEST

보기 속 단어의 의미를 알고 있는지 확인하고, 빈칸에 적절한 단어를 고르세요.

ⓐ sculpture ☐	ⓑ split ☐	ⓒ assembly ☐
ⓓ wireless ☐	ⓔ securely ☐	ⓕ paycheck ☐
ⓖ courtesy ☐	ⓗ optimal ☐	ⓘ distinctive ☐
ⓙ noticeable ☐		

1   She thought that she could make great things happen with these two very _____ foods.

2   At the Native American museum next year, you will be able to see new monumental _____.

3   Before activating the computer, _____ connect its cable to your device.

4   Your payment will be included in the following month's _____.

5   All photographs have been provided _____ of NASA.

6   You can buy one, get the second at 40% off and then _____ the total cost of the two.

7   The plant grows quite fast in a room with _____ conditions.

8   After streamlining our _____ line, we produced 300% more than before.

9   We provide complimentary _____ Internet access in all areas of the building.

10 The Viva trading company produced a _____ increase in sales.

TOEIC
VOCA

고득점 대비 어휘

고득점 대비 어휘

QR코드로 발음을 확인하세요.

---

041 ★★★
allocate
[ǽləkéit]

- ⓥ 할당하다, 배치하다
- 💡 **allocate** funds 자금을 할당하다

---

042 ★★
amend
[əménd]

- ⓥ 개정하다, 수정하다
- 💡 an **amended** manual 개정된 설명서
  amend a law 법률을 수정하다

---

043 ★★
assent
[əsént]

- ⓥ 동의하다, 찬성하다
- ⓝ 동의, 찬성
- 💡 unanimous **assent** 만장일치
  give his **assent** 동의하다

---

044 ★★
attire
[ətáiər]

- ⓝ 복장, 의복
- ⓥ 차려 입히다
- 💡 business **attire** 업무용 복장

045 ★★
audit
[ɔ́ːdit]

ⓝ (회계) 감사, 철저한 검사
ⓥ 감사(검사)하다

💡 an internal **audit**
내부 감사
an **audit** report 감사 보고서

---

046 ★★
brisk
[brisk]

adj 활발한, 기운 좋은, (사업이) 번창한

💡 a **brisk** walk 활기찬 보행

---

047 ★★
clearance
[klíərəns]

ⓝ 정리, 제거, 정돈, 통관 절차

💡 a **clearance** sale 창고 정리 세일
a **clearance** pass 통관 허가증

---

048 ★★
component
[kəmpóunənt]

ⓝ 성분, 구성 요소

💡 a central **component** of the
town's economy 지역 경제의 중심 요소

049 ★★★
concisely
[kənsáisli]

adv 간소하게, 간결하게

💡 quickly and **concisely**
빠르고 간결하게
write **concisely**
간결하게 쓰다

050 ★★
consignment
[kənsáinmənt]

ⓝ 위탁, 탁송, 위탁물

💡 a **consignment** of medicines
의약 배송품

051 ★
convert
[kənvə́ːrt]

ⓥ 변하게 하다, 변형하다

💡 **convert** an old warehouse into a store
낡은 창고를 소매점으로 바꾸다

052 ★★
deprivation
[dèprəvéiʃən]

ⓝ 박탈, 결핍, 몰수

💡 suffer from social **deprivation**
사회적 박탈감에 고통받다
a **deprivation** of liberty 자유의 약탈

053 ★★
discharge
[distʃáːrdʒ]

ⓥ 해고하다, 방출하다, 짐을 내리다

💡 **discharge** from hospital
퇴원하다

---

054 ★★
discipline
[dísəplin]

ⓝ 훈련, 규율, 징계
ⓥ 훈련(단련)하다

💡 strict **discipline**
엄격한 규율
under **discipline**
훈련이 잘 되어 있는

---

055 ★★★
duration
[djuréiʃən]

ⓝ 기간, 내내

💡 the **duration** of this contract
이 계약 기간 내내

---

056 ★★
evenly
[íːvənli]

ⓐⓓⓥ 평평하게, 고르게

💡 spread paint more **evenly**
물감을 더 고르게 뿌리다

27

expenditure
[ikspénditʃər]

🔵 지출, 소비, (공적인) 경비

💡 a reduction in public **expenditure**
공공 지출의 감소

extensive
[iksténsiv]

🔲 adj 광대한, 광범위한

💡 in need of **extensive** repairs
광범위한 수리의 필요

conduct **extensive** research
광범위한 조사를 실시하다

inherently
[inhíərəntli]

🔲 adv 본질적으로, 타고나서

💡 an **inherently** unworkable system
태생적으로 작동 불가능한 시스템

maneuver
[mənú:vər]

🔵 책략, 술책
🟢 조종하다

💡 a clever **maneuver** 교묘한 책략
maneuver a machine 기계를 조종하다

061 ★★
manuscript
[mǽnjuskrìpt]

ⓝ 필사본, 원고

💡 an original **manuscript** 원본 원고

---

062 ★★★
modify
[mádəfài]

ⓥ 수정하다, 변형하다, 조절하다

💡 **modify** the terms of a contract
계약 조건을 바꾸다

---

063 ★★
mounting
[máuntiŋ]

ⓝ 승마, 올라탐

adj 점차 증가하는

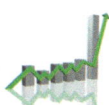

💡 a **mounting** crisis 커져가는 위기
meet the **mounting** demand
증가하는 수요를 충족시키다

---

064 ★
negligent
[néglidʒənt]

adj 게을리한, 태만한, 부주의한

💡 **negligent** bureaucrats
태만한 관료
negligent handling
부주의한 취급

065 ★★★
periodically
[pìəriάdikəli]

`adv` 주기적으로, 정기적으로
periodical `n` 정기 간행물

💡 upgrade the software **periodically**
주기적으로 소프트웨어를 업그레이드하다

066 ★★
proceeds
[próusi:dz]

`n` 수입, 수익, 결과

💡 gross **proceeds**
총 이익(매출액)

net **proceeds** 순이익

067 ★★★
projection
[prədʒékʃən]

`n` 예상, 추정, 투사, 영사
project `v` 예상하다

💡 budget **projections**
예산 추정안

068 ★★
proximity
[praksíməti]

`n` 근접, 접근

💡 in the **proximity** of a town
도시 부근에

069 ★★
radically
[rǽdikəli]

adv 근본적으로, 원래

💡 **radically** different 근본적으로 다른
radically change the way people do
사람들의 삶의 방식을 완전히 바꾸다

---

070 ★★
reclaim
[rikleim]

v (물건 등을) 되찾다, 돌려 달라고 하다

💡 **reclaim** the baggage
맡긴 짐을 찾다

---

071 ★★
regrettably
[rigrétəbli]

adv 유감스럽지만

regrettable adj 유감스러운

💡 a **regrettable** affair
유감스러운 사건

---

072 ★★★
roughly
[rʌfli]

adv 대략, 거칠게

💡 **roughly** speaking 대충 말하면
hire **roughly** 100 new employees
대략 100명의 신입 사원을 채용하다

073 ★★
sequence
[síːkwəns]

Ⓝ 연속, 순서, 결과
Ⓥ 일정한 순서로 배열하다

💡 the **sequence** of events
일련의 사건

in regular **sequence**
순서대로

074 ★★★
solely
[sóulli]

 adv 오로지, 단지, 단독으로

💡 rely **solely** on the external audits
오직 외부 감사에만 의존하다

075 ★★
sparsely
[spáːrsli]

adv 드물게, 희박하게

💡 **sparsely** populated 인구 밀도가 희박한

076 ★
swiftly
[swíftli]

adv 신속히, 빨리

💡 move **swiftly**
신속하게 움직이다

work much more **swiftly**
더 빨리 일하다

077 ★★★
tangle
[tǽŋgl]

ⓥ 엉키다, 얽히게 하다
ⓝ 얽힌 것
💡 in a tangle
엉망으로 꼬인 상태, 뒤얽혀

---

078 ★★★
tentatively
[téntətivli]

adv 시험적으로, 임시로
💡 tentatively scheduled
잠정적으로 예정된

---

079 ★★
tenure
[ténjər]

ⓝ 재임, 재임 기간, 종신 재직권
💡 during her tenure
그녀의 재직 기간 동안
his five-year tenure as manager
그의 관리자로서 5년간의 재임 기간

---

080 ★★★
yield
[ji:ld]

ⓥ 산출하다, 양도하다
ⓝ 산출, 이익
💡 a large yield 풍작
yield a good return
좋은 수익을 내다

Daily TEST

보기 속 단어의 의미를 알고 있는지 확인하고, 빈칸에 적절한 단어를 고르세요.

ⓐ amend ☐	ⓑ allocate ☐	ⓒ convert ☐
ⓓ brisk ☐	ⓔ concisely ☐	ⓕ proceeds ☐
ⓖ component ☐	ⓗ regrettably ☐	ⓘ extensive ☐
ⓙ swiftly ☐			

1 The judge ordered the suspect to answer cleary and
_____ during the trial.

2 Although March was a slow month for luxury goods
sales, we experienced _____ business.

3 _____ , we are no longer receiving attendance
requests.

4 According to the researchers, there are huge factories
that burn waste and _____ it into energy in Sweden.

5 The problem was handled very _____ and it was
fixed within an hour.

6 Many people shop at Houseplus as it has a(n) _____
selection of titles.

7 Our CFO will examine all of the financial statements
personally before deciding how to _____ the budget.

8 Admission to the gallery is $15 and all _____ go to
the local charities.

9 The manual describes how _____ should be
installed on Benson's computer network.

10 Mr. Smith insisted that this is the right moment to
_____ the labor law.

1. ⓔ 2. ⓓ 3. ⓗ 4. ⓒ 5. ⓙ 6. ⓘ 7. ⓑ 8. ⓕ 9. ⓖ 10. ⓐ

TOEIC VOCA

시험 직전 최종 어휘

QR코드로 발음을 확인하세요.

---

081 ★★
accounting
[əkáuntiŋ]

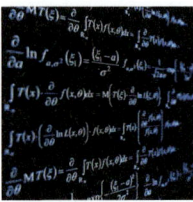

ⓝ 회계학, 회계

account ⓝ 계좌

💡 an **accounting** department
회계 부서

a savings **account**
예금 계좌

---

082 ★★★
additional
[ədíʃənl]

adj 부가된, 추가의

💡 an **additional** fee 추가 요금
offer **additional** discounts
추가 할인을 제공하다

---

083 ★★
aggressively
[əgrésivli]

adv 공격적으로, 적극적으로

💡 pursue overseas markets
aggressively
해외 시장을 과감하게 공략하다

---

084 ★★★
attempt
[ətémpt]

ⓝ 시도

ⓥ 시도하다

💡 make an **attempt** 시도하다
attempt to solve a problem
문제를 풀려고 시도하다

085 ★
audience
[ɔ́ːdiəns]

ⓝ 청중, 관객

💡 in front of large **audience**
많은 관객 앞에서

086 ★
bankrupt
[bǽŋkrʌpt]

adj 파산 선고를 받은
bankruptcy ⓝ 파산

💡 go **bankrupt**
파산하다

087 ★★
challenging
[tʃǽlindʒiŋ]

adj 도전적인, 힘든

💡 **challenging** courses 어려운 코스
highly **challenging**
매우 도전적인

088 ★★★
closely
[klóusli]

adv 밀접하게, 면밀히

💡 examine **closely** 면밀히 검사하다
work **closely** with your company
귀사와 긴밀히 일하다

089 ★★★
consumption
[kənsʌ́mpʃn]

🅝 소비

consume 🆅 소비하다, 소모하다

💡 production and **consumption**
생산과 소비

consume too much fuel
연료를 너무 많이 소모하다

---

090 ★★★
credit
[krédit]

🅝 신용, 명성

🆅 믿다, 신용하다

💡 prefer **credit** cards
신용 카드를 선호하다

pay by **credit** card
신용 카드로 계산하다

---

091 ★★★
demonstrate
[démənstrèit]

🆅 설명하다, 증명하다, 시연하다

💡 **demonstrate** a new product
신제품을 시연하다

demonstrate his ability
그의 능력을 증명하다

---

092 ★★
dramatically
[drəmǽtikəli]

🆅 극적으로

💡 **dramatically** increase
극적으로 증가하다

093 ★★★
encourage
[inkə́:ridʒ]

ⓥ 기운을 북돋아주다, 장려하다

💡 **encourage** children to be more creative
아이들이 더 창의적인 발상을 할 수 있도록 장려하다

---

094 ★★
ensure
[inʃúər]

ⓥ 확실하게 하다, 보장하다

💡 **ensure** security
안전을 보장하다

in an effort to **ensure** the best performance
반드시 최상의 결과를 얻기 위해

---

095 ★★★
examine
[igzǽmin]

ⓥ 검사하다, 조사하다

💡 **examine** into details
자세히 살펴보다

---

096 ★★
formerly
[fɔ́:rmərli]

adv 이전에는, 원래는

💡 a **formerly** prosperous town
한때 번영했던 마을

097 ★

fortunate

[fɔ́ːrtʃənət]

`adj` 운 좋은

`n` 행운아

unfortunate `adj` 불행한

💡 by a **fortunate** chance 운 좋게도

---

098 ★★

frustrated

[frʌstreitid]

`adj` 낙담한, 좌절한

💡 feel **frustrated**
좌절감을 느끼다

---

099 ★★★

fulfill

[fulfíl]

`v` 이행하다, 충족(만족)시키다

💡 **fulfill** all the obligations
모든 의무를 이행하다

fulfill the needs 요구를 충족하다

---

100 ★

generous

[ʤénərəs]

`adj` 아끼지 않는, 관대한

💡 a **generous** donation
후한 기부

a **generous** assessment
관대한 평가

101 ★★
grateful
[ɡréitfəl]

adj 감사하는

💡 deeply **grateful** 크게 고마워하는

---

102 ★
ideal
[aidíːəl]

n 이상
adj 이상적인, 최선의, 가장 알맞은

💡 an **ideal** candidate
이상적인 후보
ideal for children
아이들에게 적합한

---

103 ★★
incredible
[inkrédəbl]

adj 믿어지지 않는, 엄청난

💡 an **incredible** price
엄청난 가격

---

104 ★
leading
[líːdiŋ]

adj 주된, 이끄는, 선두의

💡 **leading** brands
일류 브랜드들
the **leading** manufacturer of furniture
가구 제조 분야의 선두 업체

105 ⭐
memorable
[mémərəbl]

adj 기억할 만한, 인상적인

💡 **memorable** moments
인상적인 순간들

a **memorable** speech
기억에 남는 연설

---

106 ⭐⭐
obviously
[ábviəsli]

adv 명백히

💡 **obviously** true
명백히 진실한

---

107 ⭐⭐⭐
occasionally
[əkéiʒənəli]

adv 때때로, 가끔

💡 **occasionally** necessary
가끔 필요한

---

108 ⭐⭐
outstanding
[autstǽndiŋ]

adj 두드러진, 뛰어난, 미지불된

💡 **outstanding** service
뛰어난 서비스

an **outstanding** balance
미지불 잔고

109 ★★
priority
[praiɔ́ːrəti]

ⓝ 먼저임, 우선하는 것

💡 the highest **priority** 최우선

110 ★★
processing
[prásesiŋ]

ⓝ 가공, 처리

💡 data **processing**
데이터 처리
processing fee
처리 비용

111 ★★
properly
[prápərli]

adv 적절히, 알맞게

💡 **properly** installed
제대로 설치된

112 ★★
proposal
[prəpóuzəl]

ⓝ 신청, 제안

💡 a business **proposal**
사업 제안
review the **proposal**
제안서를 검토하다

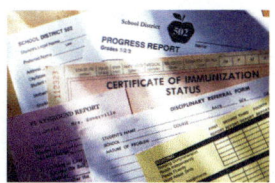

113 ★★★
regulation
[règjuléiʃən]

🔵 규칙, 규정

💡 a proposed **regulation**
제안된 규정

safety regulations
안전 규칙

---

114 ★
renowned
[rináund]

🔵 유명한, 명성 있는

💡 a **renowned** architect
유명한 건축가

---

115 ★★★
severely
[sivíərli]

adv 엄하게, 심하게, 격렬하게

💡 **severely** damaged
심하게 파손된

---

116 ★
specialize
[spéʃəláiz]

🔵 전문으로 하다, 전문화하다

💡 **specialize** in foreign trade
외국 무역을 전문으로 하다

117 ★★★
stock
[stak]

- ⓝ 재고, 저장, 주식
- ⓥ 채우다, 비축하다
- 💡 out of **stock**
  재고가 없는
  a **stock** market
  주식 시장

---

118 ★★★
straight
[streit]

- adv 똑바로, 곧장
- 💡 lead **straight** to the new office
  새로운 사무실로 곧장 연결되다

---

119 ★★
strictly
[stríktli]

- adv 엄밀히
- 💡 **strictly** speaking
  엄밀히 말하자면

---

120 ★★
totally
[tóutəli]

- adv 전부, 완전히
- 💡 in a **totally** different way
  완전히 다른 방법으로
  totally agree with you
  당신의 말에 전적으로 동의하다

Daily TEST

보기 속 단어의 의미를 알고 있는지 확인하고, 빈칸에 적절한 단어를 고르세요.

ⓐ credit ☐	ⓑ accounting ☐	ⓒ leading ☐
ⓓ closely ☐	ⓔ severely ☐	ⓕ stock ☐
ⓖ frustrated ☐	ⓗ priority ☐	ⓘ encourage ☐
ⓙ dramatically ☐		

1 The investors have been _____ by the government's unwillingness to tackle corruption.

2 By supporting the new strategy, HBC company will be able to _____ the employees to devote more time to their work.

3 Customers may pay by check or by _____ card.

4 Our employee will check your order, answer questions, and confirm if the items are in _____.

5 Mr. Connery worked _____ with Jack Anderson, the engineer, to make the space eco-friendly.

6 Polar bear populations have dropped _____ as millions are killed for fur-coats.

7 All employees must turn in the completed forms to the _____ division in order to receive their money.

8 We are aiming to become the _____ name in California and Virginia.

9 Ms. Franco's reputation suffered _____ due to the bribery scandal.

10 The CEO said that our _____ is to provide our customers with impeccable service.

1. ⓖ 2. ⓘ 3. ⓐ 4. ⓕ 5. ⓓ 6. ⓙ 7. ⓑ 8. ⓒ 9. ⓔ 10. ⓗ

직장 생활 1

오 대리의 출근에서 퇴근까지

Workplace

001 ⭐
accept
[əksépt]

Ⓥ 수락하다, 승낙하다

💡 **accept** an offer[proposal]
제안을 수락하다
accept responsibility for their
actions 행동에 대한 책임을 인정하다

---

002 ⭐⭐
application
[æpləkéiʃən]

ⓝ 신청, 지원(서), 적용

applicant ⓝ 지원자, 신청자

💡 receive an **application** 지원서를 받다
an **applicant** for the position 구직자

---

003 ⭐
apply
[əplái]

Ⓥ 지원하다, 신청하다, 적용하다

💡 **apply** for the position 직책에 지원하다
only **apply** the law to immigrants
법을 이민자에게만 적용하다

---

004 ⭐
appoint
[əpɔ́int]

Ⓥ 지명하다, 임명하다

appointment ⓝ 약속, 임명, 지명

💡 a newly **appointed** chairman
새로 임명된 위원회 의장
make[set up] an **appointment**
약속을 하다[정하다]

005 ★★
assign
[əsáin]

ⓥ 배정하다, 할당하다
assignment ⓝ 과제, 할당(된 업무)

💡 temporarily **assigned** to marketing
임시로 마케팅 업무에 배정된

006 ★★★
compensate
[kámpənsèit]

ⓥ 보상하다
compensation ⓝ 보상

💡 properly **compensate** for overtime
초과 근무에 대해 적절히 보상하다

007 ★
condition
[kəndíʃən]

ⓝ 조건, 상태
conditional adj 조건부의

💡 terms and **conditions** (거래) 조건
in good **condition** 상태가 좋은

008 ★★
cooperation
[kouàpəréiʃən]

ⓝ 협력, 협동
cooperate ⓥ 협력[협동]하다
cooperative adj 협력하는

💡 future **cooperation** with your
company 앞으로 있을 귀사와의 협력

009 ★
decision
[disíʒən]

ⓝ 결정, 결심

decide ⓥ 결정하다

💡 make a **decision** 결정하다
reach a final decision
최종 결정을 내리다

010 ★
department
[dipá:rtmənt]

ⓝ (조직, 기구의) 부서

💡 a marketing **department** 마케팅 부서
an accounting **department** 회계부

011 ★★
division
[divíʒən]

ⓝ 부서, 부문

divide ⓥ 나누다, 분류하다 ⓝ 분할, 차이점

💡 a public relations **division** 홍보부
divided into two groups
두 그룹으로 나눠지는

012 ★★
eligible
[élidʒəbl]

adj 적격의, 자격이 있는

💡 **eligible** for employment insurance
고용 보험의 자격이 있는

013 *
employ
[implɔ́i:]

ⓥ 고용하다, 쓰다
employment ⓝ 고용, 직업
employee ⓝ 피고용인, 종업원

💡 **employ** policies 정책을 쓰다
full-time[part-time] **employment**
정규직[비정규직] 고용

---

014 **
extension
[iksténʃən]

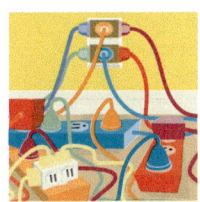

ⓝ (전화) 내선, 연장, 연기

💡 **extension** number 878 내선 번호 878
request the **extension** of warranty
보증 기간 연장을 요청하다

---

015 *
final
[fáinl]

adj 마지막의, 결정적인
finalize ⓥ 결말을 짓다

💡 make a **final** call 최종 판정을 내리다
on the **final** phase of the project
프로젝트의 최종 단계에서

---

016 **
flexible
[fléksəbl]

adj 탄력적인, 구부리기 쉬운

💡 **flexible** working hours
탄력적인 근무 시간제
a **flexible** plan 융통성 있는 계획

017 ★

hire

[háiər]

ⓥ 고용하다

💡 a recently **hired** supervisor
최근 고용된 관리자
hired for 6 months
6개월 동안 고용된

---

018 ★

inform

[infɔ́:rm]

ⓥ 알리다
informed `adj` 정보에 근거한

💡 **inform** the company of maternity
leave 회사에 출산 휴가를 알리다
an **informed** decision[choice]
정보에 근거한 결정[선택]

---

019 ★

labor

[léibər]

ⓝ 노동
ⓥ 일하다

💡 physical[manual] **labor** 육체노동
labor costs 인건비
labor-intensive 노동 집약적인

---

020 ★★

multiple

[mʌ́ltəpl]

`adj` 많은, 다수의
multiply ⓥ 증가시키다

💡 **multiple** tasks 여러 가지 업무
multiple records of transactions
여러 거래 기록

021 ★★
novice
[návis]

ⓝ 풋내기, 무경험자

💡 **novices** and experts alike
초보자와 전문가 모두

---

022 ★★
occupy
[ákjupài]

ⓥ (장소, 직책 등을) 차지하다, 점령하다
occupation ⓝ 직업, 점유
occupant ⓝ 거주자
occupational **adj** 직업상의

💡 **occupy** himself with preparing his
presentation 발표 준비에 몰두하다
occupational safety 직업 안전

---

023 ★
pay
[péi]

ⓥ (보수를) 지급하다
ⓝ 급료, 보수
payment ⓝ 지불(금), 납입

💡 **pay** by the job, not by the hour
시간이 아닌 실적에 따라 지급하다
pay in cash 현금으로 내다

---

024 ★
post
[póust]

ⓥ 게시하다, 부치다
ⓝ 지위, 직

💡 **post** a notice on its website
웹 사이트에 공지를 게시하다
resign his **post** 사직하다

025 ★★
preliminary
[prilímənèri]

`adj` 예비의

`n` 예비 행위

💡 a **preliminary** notice 예고
a **preliminary** examination 예비 시험

---

026 ★
present
`v` [prizént]
`n` `adj` [préznt]

`v` 제공하다, 제출하다

`n` 현재, 오늘날

`adj` 현재의

presentation `n` 발표, 공연

💡 **present** documents 서류를 제출하다
up to the **present** 오늘날까지

---

027 ★★
prospective
[prəspéktiv]

`adj` 예상된, 잠재적인

prospect `n` 전망, 예상

💡 **prospective** clients 잠재 고객들
future career **prospects**
장래 직업 전망

---

028 ★★
qualified
[kwáləfàid]

`adj` 자격이 있는, 적임인

qualification `n` 자질, 자격

💡 **qualified** for the position
그 직책에 적임인
qualified applicants
자격 있는 신청자들

029 ★
recognize
[rékəgnàiz]

ⓥ 깨닫다, 인식하다
recognition ⓝ 인식, 인정
recognizable adj 인식할 수 있는

💡 **recognize** employees'
accomplishments
직원들의 성과를 인정하다

---

030 ★★
recruit
[rikrúːt]

ⓥ (신입 사원 등을) 모집하다
ⓝ 신입 사원, 새 회원

💡 **recruit** a candidate 후보를 모집하다
a fresh **recruit** 신입 사원

---

031 ★
replace
[ripléis]

ⓥ 대체하다, 후임자가 되다
replacement ⓝ 교체품, 후임자

💡 **replace** employees with robots
직원들을 로봇으로 대체하다
replace a bulb in a street lamp
가로등의 전구를 교체하다

---

032 ★
schedule
[skédʒu(ː)l]

ⓥ 예정하다
ⓝ 예정(표), 계획

💡 **behind schedule** 일정보다 뒤처진
on schedule 예정대로

033 ★
shift
[ʃíft]

- ⓝ 교대 근무, 교체, 변화
- ⓥ 방향을 바꾸다
- 💡 **shift** workers 교대 근무자
  a day[night] **shift** 주간[야간] 교대 근무

---

034 ★★
submit
[səbmít]

- ⓥ (서류 등을) 제출하다, 항복하다
  submission ⓝ 제출(물), 항복
- 💡 **submit** a résumé and cover letter
  이력서와 자기소개서를 제출하다
  submit the report to the manager
  within 10 days
  열흘 안에 관리자에게 보고서를 제출하다

---

035 ★★★
succession
[səkséʃən]

- ⓝ 연속, 계승
  successive [adj] 연속하는, 계속적인
  successor ⓝ 후임자
- 💡 three **successive** days 3일 연속으로
  in **succession** 연속하여, 잇따라

---

036 ★★
temporary
[témpərèri]

- [adj] 임시의, 일시적인
- 💡 a **temporary** employment opening
  임시직 일자리
  serve as the **temporary**
  replacement 임시 대행을 하다

037 ★★
terminate
[tə́ːrmənèit]

ⓥ 퇴사하다, 종결하다

termination ⓝ 종료

💡 **terminate** an employment contract 고용 계약을 끝내다

038 ★★
vacancy
[véikənsi]

ⓝ 공석, 결원

vacant adj 빈, 공허한

💡 fill the **vacancy** 결원을 보충하다
no **vacancies** in this building
빈 사무실 없음

039 ★
verbal
[və́ːrbəl]

adj 말의, 구두의

💡 make a **verbal** contract
구두 계약을 맺다

040 ★
wage
[wéidʒ]

ⓝ 임금, 급료

💡 **wage** increases 임금 인상
get a better **wage** 보수를 더 받다

Bonus VOCA

☐ **acting** [ǽktiŋ]	adj. 대리의
☐ **adept** [ədépt]	adj. 숙련된 n. 숙달자
☐ **attendance records**	출근 기록
☐ **brief** [bríːf]	adj. 짧은, 잠시 동안의
☐ **briefcase** [bríːfkèis]	n. 서류 가방
☐ **business trip**	출장
☐ **coworker** [kóuwə̀ːrkər]	n. 동료, 협력자
☐ **curriculum vitae**	이력서
☐ **default** [difɔ́ːlt]	n. 태만, 불이행
☐ **discuss** [diskʌ́s]	v. 상의하다, 의논하다
☐ **dismiss** [dismís]	v. 해고하다
☐ **earn** [ə́ːrn]	v. (돈을) 벌다
☐ **entire workforce**	전 사원
☐ **fire** [fáiər]	v. 해고하다
☐ **flextime** [flékstàim]	n. 자율 근무 시간제
☐ **freelance** [fríːlæns]	n. 프리랜서 v. 자유 계약으로 일하다
☐ **incumbent** [inkʌ́mbənt]	adj. 현직의
☐ **interact** [ìntərǽkt]	v. 의사소통하다
☐ **internship** [íntəːrnʃìp]	n. 인턴 신분, 인턴 기간
☐ **job opening**	공석, 일자리
☐ **lay off**	해고하다
☐ **offer a position**	일자리를 제공하다
☐ **outstanding qualifications**	두드러진 자격 요건

☐ **overqualified** [òuvərkwálifaid]	adj. 자격 과잉의	
☐ **overseas** [óuvərsìːz]	adj. 해외의 adv. 해외로	
☐ **overwork** [òuvərwə́ːrk]	v. 과로하다 n. 과로	
☐ **payroll dates**	급여 지급일	
☐ **pension** [pénʃən]	n. 연금	
☐ **personal affairs**	개인적인 일	
☐ **photocopy** [fóutoukàpi]	n. 복사 v. 복사하다	
☐ **play one's part**	~의 맡은 바를 다하다	
☐ **profile** [próufail]	n. 인물 소개[개요]	
☐ **redo** [rìːdúː]	v. 다시 하다	
☐ **relevant document**	관련 문서	
☐ **résumé** [rézumèi]	n. 이력서	
☐ **signature** [sígnətʃər]	n. 서명	
☐ **sort** [sɔ́ːrt]	n. 종류 v. 분류하다	
☐ **stationary** [stéiʃənèri]	adj. 정지된, 변하지 않는	
☐ **stationery** [stéiʃənèri]	n. 문구류	
☐ **take on an assignment**	임무를 맡다	
☐ **talented** [tǽləntid]	adj. 재능 있는	
☐ **timecard** [táimkàːrd]	n. 근무 시간 기록표	
☐ **time-off**	결근, 휴가	
☐ **wanted** [wántid]	adj. ~을 구하는	
☐ **working conditions**	근무 조건	

Daily TEST

보기 속 단어의 의미를 알고 있는지 확인하고, 빈칸에 적절한 단어를 고르세요.

ⓐ appointed ☐	ⓑ assigned ☐	ⓒ compensated ☐
ⓓ eligible ☐	ⓔ extension ☐	ⓕ novice ☐
ⓖ occupied ☐	ⓗ prospective ☐	ⓘ qualified ☐
ⓙ temporary ☐		

1 After six months, new employees are _____ for a raise and promotion.

2 David spoke with a(n) _____ client today, and they plan to discuss the sale on Thursday.

3 For the past year, workers have complained they have not been properly _____.

4 Julie was _____ to hire someone for the new position.

5 Ms. Baldwin can be reached after lunch at her _____ number, which is 4322.

6 The applicant was very professional, but he's not fully _____ for the job.

7 The new intern is a(n) _____ at marketing, but she's a very experienced designer.

8 The project director _____ numerous tasks to her assistant this week.

9 The three corner offices aren't currently _____, but we hope to fill them next month.

10 This particular job is only _____ and will last only until the project is completed.

1. ⓓ 2. ⓗ 3. ⓒ 4. ⓐ 5. ⓔ 6. ⓘ 7. ⓕ 8. ⓑ 9. ⓖ 10. ⓙ

직장 생활 2

김 부장의 입사에서 은퇴까지

Workplace

Day 02

QR코드으로 원어민 발음을 확인하세요.

---

041 ★★★
alternative
[ɔːltə́ːrnətiv]

adj 대신의, 양자택일의
n 대안
alternate v 번갈아 일어나다
         adj 번갈아 생기는

💡 **alternative** energy sources
대체 에너지원
on **alternate** days 격일로

---

042 ★
announce
[ənáuns]

v 알리다, 공고하다
announcement n 공고, 발표

💡 **announce** cost cutting measures
비용 절감 조치를 발표하다
make an **announcement** 발표하다

---

043 ★
arrange
[əréindʒ]

v 마련하다, 배열하다, 정돈하다
arrangement n 준비, 정돈

💡 **arrange** a meeting[transportation]
회의[교통편]를 마련하다
arrange the clients' names
alphabetically
고객의 이름을 알파벳순으로 배열하다

---

044 ★★
astute
[əstjúːt]

adj 기민한, 약삭빠른

💡 **astute** investors 영리한 투자자들

045 ★★
attach
[ətǽtʃ]

ⓥ 첨부하다, 붙이다

💡 an **attached** schedule[file]
첨부된 일정표[파일]
attach a label 라벨을 붙이다

046 ★★
attitude
[ǽtitjùːd]

ⓝ 태도, 의견

💡 a positive **attitude** toward
complaints
불만 사항에 대한 긍정적인 태도
a persistent **attitude** 한결같은 태도

047 ★
career
[kəríər]

ⓝ 경력, 직업

💡 change **careers** 직업을 바꾸다

048 ★
combine
[kəmbáin]

ⓥ 결합[연합]하다
combination ⓝ 결합, 연합

💡 successfully **combine** a career
with a family
일과 가정을 성공적으로 결합하다
combine two companies
두 회사를 합병하다

049 ★★
constant
[kánstənt]

adj 지속적인, 끊임없는, 거듭되는
constantly adv 끊임없이, 항상

💡 a **constant** challenge
끊임없는 도전

---

050 ★
contact
[kántækt]

n 교제, 연락
v 연락을 취하다

💡 come into **contact** with potential clients 잠재 고객들과 접촉하다
establish **contacts** with prospective partners
유망한 동업자들에게 연락을 취하다

---

051 ★★
contain
[kəntéin]

v (그릇, 장소에) 포함하다, 들어 있다
container n 그릇

💡 **contain** information
정보를 포함하다

---

052 ★★
duplicate
n adj [djú:pləkət]
v [djú:pləkèit]

n 사본, 복사(물)
adj 복제의
v 복사하다, 되풀이하다

💡 a **duplicate** or the original
사본 또는 원본
duplicate work already done
이미 한 일을 중복해서 하다

053 *

effort

[éfərt]

ⓝ 노력, 수고

💡in an **effort** to get a job
취직하려는 노력으로
make an **effort** 노력하다
a vain **effort** 헛된 노력

054 **

enclosed

[inklóuzd]

adj 동봉된, 둘러싸인

💡a few photos **enclosed** with
letters 편지에 동봉된 사진 몇 장
enclosed papers 동봉된 서류

055 *

extra

[ékstrə]

adj 여분의, 추가의

💡work **extra** hours 시간 외 근무를 하다
at no **extra** charge 별도의 수수료 없이

056 *

ignore

[ignɔ́ːr]

ⓥ 무시하다, 못 본 체하다

💡**ignore** the advice 조언을 무시하다

057 ★★
incorrect
[ìnkərékt]

adj 부정확한, 잘못된

💡 an **incorrect** statement 부정확한 진술
incorrect on many items
많은 품목이 잘못된

058 ★
internal
[intə́:rnl]

adj 내부의, 국내의

💡 an **internal** audit 내부 감사
an **internal** job announcement
사내 구인 공고

059 ★★
interpersonal
[ìntərpə́:rsnəl]

adj 대인관계의

💡 develop **interpersonal** skills
대인관계 기술을 개발하다
interpersonal communication
상호 의사소통

060 ★★
lengthy
[léŋkθi]

adj 긴, 장황한

length ⓝ 길이, 기간

💡 for **lengthy** periods 장시간 동안
after **lengthy** discussions
장시간 토론 끝에

061 ★★★
lethargic
[ləθá:rdʒik]

adj 무기력한

🔅 become heavy and **lethargic**
(몸이) 무거워지고 무기력해지다

062 ★
manage
[mǽnidʒ]

Ⓥ 해내다, 경영하다
management ⓝ 관리, 경영(진)

🔅 **manage** to hire professional designers
전문 디자이너를 간신히 고용하다
time[risk] **management**
시간[위기] 관리

063 ★
matter
[mǽtər]

ⓝ 문제, 물질
Ⓥ 중요하다

🔅 as a **matter** of fact 실제, 사실상
no **matter** how hard it is
얼마나 어렵든지 간에

064 ★★★
morale
[mərǽl]

ⓝ 의욕, 사기

🔅 tips for boosting **morale**
사기를 높이는 법
low **morale** among the employees
직원들의 낮은 의욕

normal
[nɔ́ːrməl]

adj 표준의

n 표준, 정상

💡 **normal** working hours 정규 근무 시간
above[below] **normal** 평균 이상[이하]

---

066 **
notice
[nóutis]

n 주목, 알림, 공고문

v 주목하다, 알아채다

💡 at short **notice** 당장에, 급히
until further **notice**
추후 공지가 있을 때까지
give a week's **notice**
1주일 전에 해고[퇴직] 통지를 하다

---

067 *
opportunity
[ὰpərtjúːnəti]

n 기회, 호기

💡 give[provide] an **opportunity** to
gain new skills
새로운 기술을 배울 기회를 주다

---

068 **
personnel
[pὰːrsənél]

n 직원, 인원

💡 changes in **personnel** 인사 이동
a **personnel** department[division]
인사부

069 ★★★
procrastinate
[proukrǽstənèit]

ⓥ (해야 하는 일을 하기 싫어서) 미루다

💡 **procrastinate** for days 며칠을 미루다

---

070 ★
professional
[prəféʃənl]

adj 전문적인, 직업의

ⓝ 전문가

profession ⓝ 직업, 공언

💡 **professional** education
전문[직업] 교육

practice a **profession** 개업하다

---

071 ★★
proficient
[prəfíʃənt]

adj 능숙한, 숙달한

proficiency ⓝ 능숙, 숙달

💡 **proficient** in[at] PowerPoint
파워포인트에 능숙한

become thoroughly **proficient** in
English 영어를 완전히 숙달하다

---

072 ★
remind
[rimáind]

ⓥ 상기시키다, 일깨우다

💡 **remind** the manager not to be
arrogant
매니저에게 거만하지 말라고 일깨워 주다

073 ★★
resign
[rizáin]

Ⓥ 사임하다, 사직하다
resignation Ⓝ 사직(서)

💡 **resign** abruptly 갑자기 사임하다
one month **resignation** notice period 한 달의 사직 통보 기간

---

074 ★
retire
[ritáiər]

Ⓥ 퇴직하다
retiree Ⓝ 은퇴자

💡 **retire** on a pension
연금 수혜자로 퇴직하다
retire from practice
(의사, 변호사 등이) 폐업하다

---

075 ★★
slack
[slǽk]

adj (사업이) 부진한, 느슨한
Ⓝ 처짐, 불경기
Ⓥ (일을) 게을리하다

💡 a **slack** official 태만한 관리
take up the **slack** 기강을 바로잡다

---

076 ★★★
subordinate
adj Ⓝ [səbɔ́:rdənət]
Ⓥ [səbɔ́:rdənèit]

adj 종속된, 부수적인
Ⓝ 부하 직원
Ⓥ (~보다 ...을) 경시하다
subordination Ⓝ 복종

💡 issues **subordinate** to our main agenda 우리의 의제에 비해 부차적인 문제들
subordinate employees 부하 직원들

077 ★★
substitute
[sʌ́bstitjùːt]

ⓥ 대신하다, 대리하다
ⓝ 대용품, 대리인
adj 대리의, 대용의
substitution ⓝ 대용, 대체

💡 **substitute** for personal contact
개인적 연락을 대신하다

078 ★
suppose
[səpóuz]

ⓥ 가정하다, 추측하다

💡 be **supposed** to review his report
그의 보고서를 검토하기로 되어 있다

079 ★★
unwilling
[ʌnwíliŋ]

adj 마음 내키지 않는
unwillingly adv 마지못해

💡 **unwilling** to cooperate
마지못해 협력하는
unwilling to negotiate the price
가격 협상을 할 용의가 없는

080 ★
workplace
[wə́rkplèis]

ⓝ 일터, 작업장

💡 ideal for use in the **workplace**
직장에서 사용하기에 이상적인

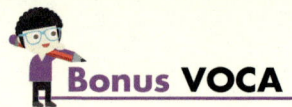

Bonus VOCA

☐ **archive** [ɑ́:rkaiv]	n. 기록 보관소
☐ **boardroom** [bɔ́:rdrù:m]	n. 회의실
☐ **bulletin board**	게시판
☐ **cartridge** [ká:rtridʒ]	n. (프린터의) 잉크 카트리지
☐ **client** [kláiənt]	n. 고객, 의뢰인
☐ **deadline** [dédlàin]	n. 마감일, 마감 시간
☐ **demoralize** [dimɔ́:rəlàiz]	v. 의기소침하게 하다
☐ **director** [diréktər]	n. 관리자, 이사
☐ **do training**	훈련을 하다
☐ **early retirement**	조기 퇴직
☐ **employment opportunities**	고용 기회
☐ **enter the workforce**	근로자가 되다
☐ **envelope** [énvəlòup]	n. 봉투
☐ **fix** [fíks]	v. 고정시키다, 결정하다, 수리하다
☐ **get a raise in salary**	봉급이 인상되다
☐ **inexperience** [ìnikspíəriəns]	n. 무경험, 미숙
☐ **inter-departmental**	부서 간의
☐ **interoffice memorandum**	사내 연락 메모
☐ **letterhead** [létərhèd]	n. 편지 상단의 인쇄 문구
☐ **minute** [mínit]	p. 회의록
☐ **neglect** [niglékt]	v. 소홀히 하다, 무시하다 n. 태만
☐ **newcomer** [njú:kʌ̀mər]	n. 새로 온 사람, 신입 사원

☐ **night duty**	야간 근무	
☐ **official memorandum**	업무상의 메모	
☐ **office supplies**	사무 용품	
☐ **OJT** (on-the-job training)	현장 직무 교육	
☐ **outgoing** [áutgòuiŋ]	adj. 사임하는, 나가는 n. 떠남	
☐ **outstanding performance**	뛰어난 업무 성과	
☐ **overtime** [óuvərtàim]	n. 초과 근무 adj. 초과 근무의	
☐ **portfolio** [pɔːrtfóuliòu]	n. 포트폴리오	
☐ **positive** [pázətiv]	adj. 확신하는, 긍정적인	
☐ **preeminent** [priːémənənt]	adj. 우수한, 탁월한	
☐ **quit** [kwít]	v. (일을) 그만두다	
☐ **responsible** [rispánsəbl]	adj. 책임이 있는	
☐ **retirement party**	퇴직 기념 파티	
☐ **secretary** [sékrətèri]	n. 비서	
☐ **shredder** [ʃrédər]	n. (서류를 폐기하는) 분쇄기	
☐ **skilled** [skíld]	adj. 숙련된	
☐ **staff** [stǽf]	n. 직원	
☐ **succinct** [sʌksíŋkt]	adj. 간단명료한	
☐ **task** [tǽsk]	n. 일, 직무	
☐ **trainee** [treiníː]	n. 훈련받는 사람	
☐ **unable** [ʌnéibl]	adj. 무능한	
☐ **workmanship** [wə́ːrkmənʃip]	n. 기량, 솜씨	

Daily TEST

보기 속 단어의 의미를 알고 있는지 확인하고, 빈칸에 적절한 단어를 고르세요.

ⓐ attached ☐	ⓑ attitude ☐	ⓒ enclosed ☐
ⓓ internally ☐	ⓔ lengthy ☐	ⓕ lethargic ☐
ⓖ morale ☐	ⓗ proficient ☐	ⓘ resigned ☐
ⓙ substitute ☐		

1 An intern is not a sufficient _____ for a full-time employee.

2 _____ to this email, you'll find a spreadsheet with the updated monthly expenses.

3 Employee _____ increased after the company provided childcare rebates and a gym on-site.

4 His _____ as a manager inspires his employees to be creative and efficient.

5 Managers began to wonder if Tom was ill because he seemed _____ during the workday.

6 Martha _____ in September after her salary was reduced by 75%.

7 _____ you'll find the receipts from last month's trip to the marketing conference.

8 Our human resources manager is _____ in Chinese and Spanish.

9 The notes from this meeting should only be shared _____ among the managers.

10 The sales team had a(n) _____ conversation about how they can gain new customers.

1. ⓙ　2. ⓐ　3. ⓖ　4. ⓑ　5. ⓕ　6. ⓘ　7. ⓒ　8. ⓗ　9. ⓓ　10. ⓔ

Day

03

상거래 · 무역

주거니 받거니

Trading

---

081 ★★
accomplish
[əkámpliʃ]

ⓥ 성취하다, 달성하다
accomplishment ⓝ 성취, 완성
accomplished adj 성취된, 뛰어난

💡 **accomplish** financial goals
재정 목표를 달성하다
accomplish important tasks
중요한 임무를 완수하다

---

082 ★★
acquire
[əkwáiər]

ⓥ 매입하다, 취득하다
acquisition ⓝ 취득, 습득

💡 **acquire** 5 retail outlets
5개의 소매점을 인수하다

---

083 ★
affect
[əfékt]

ⓥ (사람, 사물, 결과 등에) 영향을 주다

💡 continue to adversely **affect**
consumer satisfaction
소비자 만족에 지속적인 악영향을 미치다

---

084 ★
aim
[èim]

ⓥ 목표하다, 겨누다
ⓝ 목표, 목적

💡 **aim** at a reduction in expenses
비용 절감을 목표로 하다
aim to reach 10 million hits
조회수 1천만을 목표로 하다

085 ★★
barter
[bá:rtər]

ⓥ 물물 교환하다

ⓝ 물물 교환

💡 **barter** fish for salt
물고기를 소금으로 교환하다
exchange and **barter** 물물 교환

---

086 ★★
cargo
[ká:rgou]

ⓝ 화물, 뱃짐

💡 load[unload] a **cargo**
화물을 싣다[내리다]
a **cargo** vessel 화물선

---

087 ★
commerce
[kámərs]

ⓝ 상업, 교역

💡 launch its e-**commerce** service
전자 상거래 서비스를 시작하다

---

088 ★★
compete
[kəmpí:t]

ⓥ 경쟁하다, (경기에) 참가하다
competition ⓝ 경쟁, 시합
competitive adj 경쟁력 있는, 경쟁심이 강한

💡 **compete** in price 가격 경쟁을 하다
a **competitive** rate 경쟁률

089 ★★
consistent

[kənsístənt]

`adj` 시종일관된

consistently `adv` 항상, 일관되게

💡 **consistent** with our customer survey 고객 여론 조사와 일치하는

consistently provide service
서비스를 지속적으로 제공하다

---

090 ★★
contract

`v` [kəntrǽkt]
`n` [kántrækt]

`v` 계약하다, (병에) 걸리다

`n` 계약(서)

💡 **contract** out to private firms
사기업에 하청을 주다

contract a serious illness
심각한 병에 걸리다

copy of the revised **contract**
수정된 계약서의 사본

---

091 ★★
convey

[kənvéi]

`v` (화물 등을) 나르다, (용건을) 전달하다

conveyor `n` 운반인, 전달자

💡 **convey** a message 메시지를 전달하다

a baggage **conveyor** belt
수하물 컨베이어 벨트

---

092 ★★
corporation

[kɔ́:rpəréiʃən]

`n` 주식회사, 법인

💡 policies of a **corporation** 기업 방침

a multinational **corporation**
다국적 기업

093 ★★★
correspondence
[kɔ̀:rəspándəns]

🅝 편지, 일치, 유사

correspond ⓥ 서신을 주고받다, 일치하다

corresponding **adj** 일치하는

💡 replies to the **correspondence**
서신에 대한 답장

outgoing **correspondence**
외부로 나갈 통신문

---

094 ★
delay
[diléi]

ⓥ 연기하다, 뒤로 미루다, 지체하다

🅝 지연, 연기

💡 **delay** processing orders
주문 처리를 지연시키다

delay in arrival 연착

---

095 ★
domestic
[dəméstik]

adj 국내의, 가정의

💡 strong **domestic** demand
높은 국내 수요

target the **domestic** market
국내 시장을 목표로 하다

---

096 ★
duty-free
[djúti–fri:]

adj 관세가 없는, 면세의

💡 a long queue in the **duty-free**
shop 면세점의 길게 늘어선 줄

097 ★★★
embark
[imbá:rk]

ⓥ 승선하다, 착수하다, (돈을) 투자하다

💡 **embark** on a boat[vessel] 배에 타다
embark on a new business
새 사업에 착수하다

---

098 ★
export
ⓝ[ékspɔ:rt]
ⓥ[ikspɔ́:rt]

ⓝ 수출
ⓥ 수출하다
exporter ⓝ 수출업자, 수출국

💡 government **export** controls
정부의 수출 규제
an **export** tariff 수출 관세

---

099 ★★
fragile
[frǽdʒəl]

adj 깨지기 쉬운, 약한

💡 transfer **fragile** goods
깨지기 쉬운 상품을 옮기다

---

100 ★★
freight
[fréit]

ⓝ 화물, 운송
ⓥ 운송하다
freighter ⓝ 화물 수송기, 화물 취급인

💡 **freight** delivery service
화물 운송 서비스

101 *
headquarters
[hédkwɔ̀ːrtərz]

ⓝ 본부, 본사

headquartered `adj` ~에 본사를 둔

💡 send the stuff to the company
headquarters 물건을 본사로 보내다
get in touch with **headquarters**
본사와 연락을 취하다

---

102 *
import
ⓝ[impɔːrt]
ⓥ[impɔ́ːrt]

ⓝ 수입
ⓥ 수입하다

importer ⓝ 수입업자, 수입국

💡 an **import** duty 수입 관세
visible **imports** and exports
상품 수출입

---

103 **
initiate
ⓥ[iníʃièit]
`adj` ⓝ[iníʃiət]

ⓥ 시작하다, 착수시키다

`adj` 착수된, 시작된

ⓝ 전수받은 사람

💡 **initiate** work with full preparation
철저히 준비하여 일을 시작하다
initiate a reform 개혁에 착수하다

---

104 **
interpretation
[intə̀ːrpritéiʃən]

ⓝ 해석, 설명, 통역

interpret ⓥ 해석하다, 통역하다

💡 make an **interpretation** of their
remarks 그들의 말의 의미를 이해하다

105 ★★
invoice
[ínvɔis]

🔵 ⓝ 송장

💡 receive[send, issue] an **invoice**
송장을 받다[보내다, 발부하다]

106 ★
limit
[límit]

🔵 ⓥ 제한하다
🔵 ⓝ 한계, 제한

💡 on a **limited** basis 제한적으로
violate the speed **limit**
속도 제한을 위반하다

107 ★★
load
[lóud]

🔵 ⓥ ~에 짐을 싣다 ⓝ 화물
loading ⓝ 적재, 선적

💡 **load** up a vessel with containers
배에 컨테이너를 싣다
a **loading** dock 하역장

108 ★★
maintain
[meintéin]

🔵 ⓥ 지속하다, 유지하다, 주장하다

💡 **maintain** favorable business
relations 우호적인 사업 관계를 유지하다
maintain a firm position
확고한 입장을 고수하다

109 ★★★
makeshift
[méikʃìt]

`adj` 임시방편의

💡 **makeshift** measures 임시변통, 미봉책
build a **makeshift** shelter
임시 거처를 만들다

---

110 ★★★
mediate
[míːdièit]

`v` 조정[중재]하다
mediation `n` 조정

💡 **mediate** a dispute 분쟁을 조정하다
offer **mediation** between two
companies 두 회사 간의 중재를 제의하다

---

111 ★★
miscellaneous
[mìsəléiniəs]

`adj` 다양한

💡 **miscellaneous** goods 잡화
miscellaneous expenses 잡비

---

112 ★★
mutual
[mjúːtʃuəl]

`adj` 상호의, 공동의
mutually `adv` 서로, 상호간의

💡 by **mutual** agreement 합의로
mutually exclusive 상호 배타적인

113 ★
obtain
[əbtéin]

ⓥ 얻다, 획득하다

💡 **obtain** written consent
서면 동의를 받다
obtain a work permit 근로 허가를 얻다

---

114 ★
outlook
[áutlùk]

ⓝ 예상, 전망

💡 an **outlook** for global trade
세계 무역에 대한 전망
optimistic opinions over the
business **outlook**
사업 전망에 대한 낙관적인 견해

---

115 ★★
principal
[prínsəpəl]

adj 주요한

ⓝ (돈의) 원금, (단체의) 장

💡 **principal** areas of work
주요 업무 분야
a **principal** sum 원금

---

116 ★★
prior
[práiər]

adj (시간, 순서가) 이전의, (~보다) 중요한

💡 **prior** to the expiration date
만기일 전에
a **prior** claim to the property
재산에 대한 우선권

상거래 · 무역

117 ★★★
quote
[kwóut]

ⓝ 견적액

ⓥ 견적하다, (남의 말, 글을) 인용하다

quotation ⓝ 견적 (가격)

💡request a **quote** 견적을 요청하다

quote a lower price
낮은 가격으로 견적을 내다

quote from the Bible
성경에서 인용하다

118 ★★
reach
[rí:tʃ]

ⓥ (결론, 합의에) 도달하다, 도착하다

💡**reach** a consensus on the matter
문제에 대해 합의를 보다

reach their destination before
nightfall 어두워지기 전에 목적지에 도착하다

119 ★
restructure
[ri:stráktʃər]

ⓥ 구조조정하다, 재편성하다

💡in **restructuring** efforts
구조조정 노력의 일환으로

120 ★★
transaction
[trænsǽkʃən]

ⓝ 거래, 매매

transact ⓥ 거래하다

💡document all **transactions**
모든 거래를 문서화하다

transact over the Internet
인터넷으로 거래하다

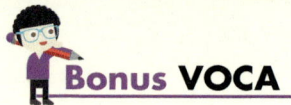

☐ **air carrier**	항공 회사, 수송기
☐ **auction** [ɔ́ːkʃən]	n. 경매 v. 경매로 팔다
☐ **base** [béis]	n. 기반
☐ **bilingual** [bailíŋgwəl]	adj. 2개 국어에 능통한
☐ **broker** [bróukər]	n. 중개인
☐ **business hours**	영업 시간
☐ **carrier** [kǽriər]	n. (항공) 운송 업체
☐ **courier** [kɔ́ːriər]	n. 운반(인), 배송 업체
☐ **customs regulations**	관세 규정
☐ **deal** [díːl]	v. 거래하다, 다루다 n. 합의, 거래
☐ **door-to-door sales**	방문 판매
☐ **electronic commerce**	전자 상거래
☐ **electronically transacted**	전자상으로 거래되는
☐ **elevate** [éləvèit]	v. 올리다, 상승시키다
☐ **embargo** [imbɑ́ːrgou]	n. 수출입 금지 v. 금수 조치를 하다
☐ **exchange rates**	환율
☐ **fixed price**	정가
☐ **goods** [gúdz]	n. 상품
☐ **in demand**	수요가 있는
☐ **in person**	몸소, 직접
☐ **intercultural** [intərkʌ́ltʃərəl]	adj. 서로 다른 문화 간의
☐ **market awareness**	시장 인지도

☐ **maximum price**	(허용된) 최고 가격
☐ **multilateral** [mÀltilǽtərəl]	adj. 다국간의
☐ **multi-regional**	다지역의
☐ **offload** [ɔ́:flóud]	v. 짐을 내리다
☐ **port** [pɔ́:rt]	n. 항구
☐ **pragmatic** [prægmǽtik]	adj. 실용적인
☐ **premise** [prémis]	p. 토지, 구내, 점포
☐ **ready-made**	기성품의
☐ **secondhand** [sékəndhǽnd]	adj. 중고의, 간접의
☐ **shipment** [ʃípmənt]	n. 선적, (화물의) 발송
☐ **slash** [slǽʃ]	v. 대폭 인하하다
☐ **supply** [səpláí]	n. 공급 p. 비품 v. 공급하다
☐ **swap** [swáp]	n. 교환 v. 바꾸다
☐ **trading** [tréidiŋ]	n. 거래
☐ **undercharge** [Àndərtʃá:rʤ]	v. 너무 낮은 가격에 팔다
☐ **underlying** [Àndərlàiiŋ]	adj. 근본적인
☐ **unload** [Ànlóud]	v. 짐을 내리다
☐ **vanish** [vǽniʃ]	v. 사라지다, 없어지다
☐ **vessel** [vésəl]	n. (대형) 선박, 그릇
☐ **vicious cycle**	악순환
☐ **wholesale** [hóulsèil]	adj. 도매의, 전면적인

상거래 · 무역

Daily TEST

보기 속 단어의 의미를 알고 있는지 확인하고, 빈칸에 적절한 단어를 고르세요.

ⓐ accomplished ☐ ⓑ bartered ☐ ⓒ correspond ☐
ⓓ domestic ☐ ⓔ embarks ☐ ⓕ freight ☐
ⓖ maintained ☐ ⓗ makeshift ☐ ⓘ mutually ☐
ⓙ quote ☐

1 As a(n) _____ solution, we sent the computer parts by train rather than truck.

2 The firm _____ all of its first- and second-quarter goals.

3 The _____ turned out to be higher than what the customer actually owed.

4 The order for heavy piping _____ for Singapore on Thursday.

5 _____ trade has declined, but international trade has grown exponentially.

6 The product hasn't arrived, and the manufacturer has been slow to _____ with us about the delay.

7 The revised delivery date was _____ advantageous for both companies.

8 _____ costs have skyrocketed due to a recent increase in gas prices.

9 The shipping fleet is well _____ by a crew of 12 technicians.

10 We _____ for services in the past, but now we only accept cash payments.

Day

04

경영 1

알다가도 모르는 CEO의 마음

Management

QR코드로 영미 발음을 확인하세요

---

121 ★★
accurate
[ǽkjurət]

adj 정확한

accuracy ⓝ 정확성

💡 **accurate** information 정확한 정보
factually **inaccurate** news
사실과 다른 뉴스

---

122 ★
advantage
[ədvǽntidʒ]

ⓝ 이점, 강점

advantageous adj 유리한

💡 take full **advantage** of the
opponent's mistake
상대의 실수를 십분 이용하다
mutual **advantage** 상호 간의 이익

---

123 ★★★
affiliate
ⓥ[əfílièit]
ⓝ[əfíliət]

ⓥ 제휴하다, 가입하다
ⓝ 회원, 계열사, 지부

💡 **affiliated** with the broadcast
company 방송국과 제휴한
affiliate herself with the local club
지역 모임에 가입하다

---

124 ★★
allot
[əlát]

ⓥ 할당하다

allotment ⓝ 할당, 분배

💡 **allot** shares only to the major
shareholders
주요 주주들에게만 주식을 할당하다
over the **allotted** time
정해진 시간을 초과한

125 ★
appropriate
`adj` [əpróupriət]
`v` [əpróuprièit]

`adj` 적당한, 적절한

`v` (무단으로) 도용하다, (돈 등의 사용처를) 책정하다

💡 direct inquires to the **appropriate** department
문의 사항을 해당 부서에 보내다

---

126 ★★★
arbitrary
[ɑ́ːrbətrèri]

`adj` 임의의, 멋대로인

arbitrarily `adv` 독단적으로, 마음대로

💡 **arbitrary** dismissal and contract non-renewal 임의 해고 및 계약 비갱신
arbitrarily chosen numbers
마음대로 고른 숫자

---

127 ★★
branch
[bræntʃ]

`n` 지점, 지사

💡 an overseas **branch** 해외 지사
the **branch** office in a nearby city
인근 도시에 있는 지사

---

128 ★★
broaden
[brɔ́ːdn]

`v` 넓히다, 확대하다

broad `adj` 넓은

💡 **broaden** consumer awareness
소비자 인지도를 넓히다
broaden the scope of activities
활동 영역을 넓히다

circulate
[sə́ːrkjulèit]

ⓥ 회람시키다, 배부하다, 유포하다
circulation ⓝ 순환, 유통

💡 **circulate** a meeting agenda to the attendees
회의 의제를 참석자들에게 회람시키다

---

consolidate
[kənsálidèit]

ⓥ 합병[통합]하다, 강화하다
consolidation ⓝ 통합, 강화

💡 **consolidated** into a single department 하나의 부서로 통합된
consolidate its position
입지를 강화하다

---

coordinate
ⓥ [kouɔ́ːrdənèit]
adj [kouɔ́ːrdənət]

ⓥ 조직화하다, 조정하다
adj 동등한, 대등한

💡 **coordinate** various members of the company
회사의 다양한 구성원들을 조화시키다
coordinate a product launch
상품 출시를 총괄하다

---

counterpart
[káuntərpàːrt]

ⓝ 상대방, 상대물, (한 쌍의) 한 쪽

💡 knowledge about a negotiation
counterpart 협상 상대에 대한 지식

133 ★★
delegate
ⓥ[déləgèit]
ⓝ[déligət]

ⓥ 위임하다, 대표를 뽑다
ⓝ 대리자, 대표자
delegation ⓝ 대표단, (권력의) 위임
💡 **delegate** a task to a subordinate
부하 직원에게 업무를 위임하다

134 ★★
diversify
[divé:rsəfài]

ⓥ 다양화하다, 여러 가지로 변화시키다
diversified adj 다양한
💡 **diversify** into different products
다양한 상품으로 다각화하다

Day 04

경영 1

135 ★★
draft
[dræft]

ⓝ 초안, 지불 청구(서)
ⓥ 초안을 잡다
💡 a first **draft** 초안
draft a schedule 대강 일정을 짜다

136 ★
efficient
[ifíʃənt]

adj (기계, 방법 등이) 능률적인, 효과적인
efficiency ⓝ 효율성
💡 make **efficient** use of their space
공간을 효율적으로 사용하다
fuel-**efficient** 연료 효율이 높은

137 ★★
eliminate
[ilímənèit]

ⓥ 제거하다, 탈락시키다
elimination ⓝ 제거, 탈락

💡 **eliminate** several positions
몇몇 직책을 없애다
their **elimination** from the
competition 시합에서 그들의 탈락

---

138 ★★
establish
[istǽbliʃ]

ⓥ (기반을) 확립하다, (규칙, 제도 등을) 만들
다, (학교, 기업 등을) 설립하다
establishment ⓝ 설립, 기관

💡 **establish** safety guidelines
안전 기준을 세우다

---

139 ★★
expand
[ikspǽnd]

ⓥ 넓히다, 확대하다, 퍼지다
expansion ⓝ 확장, 팽창
expansive ⓐⓓⓙ 광범위한

💡 **expand** the budget 예산을 늘리다
expand the market share
시장 점유율을 높이다
a small **expansion** of industry
소규모 사업 확장

---

140 ★★★
incidental
[ìnsədéntl]

ⓐⓓⓙ 부수적인
ⓝ 부수적인 사건

💡 **incidental** details 부수적 세부 사항

94

141 ★★★
inflame
[infléim]

ⓥ (상황을) 악화시키다, (감정을) 격하게 하다

💡 avoid any action **inflaming** regional tensions
지역적 긴장 상태를 악화시키는 행동을 피하다

142 ★
means
[mí:nz]

ⓝ 방법, 수단

💡 by **means** of simple gestures
간단한 제스처를 써서

143 ★
merit
[mérit]

ⓝ 장점, 강점
ⓥ 공로로 얻다

💡 judged on their own **merits**
각각의 장점으로 평가받는

144 ★★
nomination
[nàmənéiʃən]

ⓝ 지명, 임명
nominate ⓥ 지명하다
nominee ⓝ 지명된 사람, 수령 명의자

💡 seek **nomination** as chairman
의장으로 지명할 사람을 물색하다
win a **nomination** for CEO
최고 경영자로 임명되다

Day 04

경영 1

95

145 ★★
obvious
[ábviəs]

`adj` 명백한, 분명한

💡 **obvious** disadvantages for domestic companies
국내 기업들에 대한 명백한 불이익

---

146 ★★
oversee
[òuvərsíː]

`v` 감독하다, 감시하다
overseer `n` 감독관, 지배인

💡 **oversee** the entire project
전체 프로젝트를 관장하다

---

147 ★★★
pending
[péndiŋ]

`adj` 임박한, 미결정의
pend `v` 미결인 채로 두다

💡 **pending** issues 현안의 문제
kept in the **pending** tray until it is authorized
승인을 받을 때까지 미결 서류함에 보관되는

---

148 ★★★
plunge
[plʌndʒ]

`n` 뛰어듦, 돌입, (가치 등의) 급락
`v` 뛰어들다, 던져 넣다, 급락하다

💡 take a **plunge** into the business world 비즈니스 업계에 뛰어들다
plunge into the water
물속으로 뛰어들다
plunge into recession
경기가 급격히 침체하다

149 ★★
practice
[prǽktis]

- ⓝ (의사, 변호사 등의) 개업, 영업, 관행, 연습
- ⓥ (의술, 법률 등을) 업으로 하다

practitioner ⓝ 전문의

💡 open a law **practice**
변호사 개업을 하다

common **practice** among
corporations 회사들 사이의 일반적인 관행

---

150 ★★
prediction
[pridíkʃən]

- ⓝ 예측, 예상

predict ⓥ 예측하다

predictive adj 예언하는

💡 sales **predictions** 예상 판매액
predict the ups and downs of the
stock market
주식 시장의 시세 변동을 예측하다

---

151 ★
private
[práivit]

- adj 개인적인, 사적인

privately adv 개인적으로

privatization ⓝ 민영화

💡 **privately** owned electricity
companies 개인 소유의 전기 회사

---

152 ★★
procedure
[prəsíːdʒər]

- ⓝ 절차, 순서

proceed ⓥ 나아가다, 시작하다

process ⓝ 과정, 진행

💡 simplify the **procedures**
절차를 간소화하다

billing **procedures** 금액 청구 절차

153 ★★
promotion
[prəmóuʃən]

- ⓝ (제품의) 판매 촉진, 승진
  promote ⓥ 촉진하다, 승진시키다
- 💡 sales **promotion** 판촉
  get[receive] a **promotion** 승진하다

---

154 ★
raise
[réiz]

- ⓝ (임금, 급여의) 인상
- ⓥ (액수 등을) 올리다, (의문을) 제기하다
- 💡 **raise** their offer to 1 million dollars
  제시 가격을 1백만 달러로 올리다
  raise questions regarding its
  employment policy
  고용 정책에 대해 문제를 제기하다

---

155 ★★★
revenue
[révənjùː]

- ⓝ 소득, 수입
- 💡 advertising[tax] **revenue**
  광고[세입] 소득
  a source of **revenue** 수입원
  generate **revenue** 소득을 창출하다

---

156 ★
separate
ⓥ[sépərèit]
adj [sépərət]

- ⓥ 분리하다, 가르다, 분리되다
- adj 별도의, 갈라진
  separately adv 개별적으로, 별도로
- 💡 **separated** from the parent
  company 모회사로부터 분리된
  two **separate** buildings
  분리된 두 개의 빌딩

157 ★★
status
[stǽtəs]

ⓝ 상태, 지위, 신분

💡 the current **status** of the new project 새로운 프로젝트의 진행 상태
promote the **status** of retired people 은퇴한 사람들의 지위를 승격시키다

158 ★
strategy
[strǽtədʒi]

ⓝ 전략, 전술

strategic `adj` 전략적인

💡 marketing **strategies** 마케팅 전략
provide **strategic** solutions
전략적인 해결책을 제공하다

159 ★★
tentative
[téntətiv]

`adj` (처리, 합의가) 잠정적인, 자신 없는

💡 **tentative** conclusions 잠정적인 결론
a **tentative** look 자신 없는 표정

160 ★★
turnover
[tə́:rnòuvər]

ⓝ 이직률, 총매출(액)

💡 an unusually high staff **turnover**
이례적으로 높은 직원 이직률

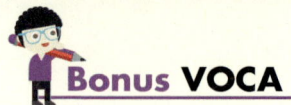

Bonus VOCA

☐ **ambitious** [æmbíʃəs]	adj. 야심을 품은, 의욕적인
☐ **board** [bɔ́:rd]	n. 이사회 v. 탑승하다
☐ **board of directors**	이사회
☐ **CEO** (Chief Executive Officer)	n. 최고 경영자
☐ **company** [kʌ́mpəni]	n. 회사, 함께 있는 사람들
☐ **comprehensible** [kàmprihénsəbl]	adj. 이해할 수 있는, 알기 쉬운
☐ **conglomerate** [kənglάmərət]	n. 대기업, 복합 기업
☐ **conjunction** [kəndʒʌ́ŋkʃən]	n. 결합, 연결
☐ **correlation** [kɔ̀:rəléiʃən]	n. 상호 관계
☐ **elementary** [èləméntəri]	adj. 기본이 되는, 초보의
☐ **empower** [impáuər]	v. 권한을 부여하다
☐ **enterprise** [éntərpràiz]	n. 기업, 사업
☐ **entrepreneur** [ɑ̀:ntrəprəné:r]	n. 기업가, 사업가
☐ **firm** [fə́:rm]	n. 회사
☐ **follow company policy**	회사 규칙을 따르다
☐ **forerunner** [fɔ́:rrʌ̀nər]	n. 선구자
☐ **franchise** [fræntʃaiz]	n. 가맹 사업, 독점 판매권
☐ **handle** [hǽndl]	v. 다루다
☐ **hands-on**	실제의, 실제로 참가하는
☐ **highlight** [háilàit]	v. 강조하다 n. 가장 중요한 부분

☐ **human resources**		인적 자원, 인사 관리
☐ **impeccable** [impékəbl]	**adj.** 결점이 없는
☐ **improvise** [ímprəvàiz]	**v.** 임시변통으로 마련하다
☐ **in lieu of**	~ 대신에
☐ **long-range plans**	장기 계획
☐ **method** [méθəd]	**n.** 방법, 방식
☐ **name a successor**	후계자를 지명하다
☐ **net income**	순수입, 실수입
☐ **oversized** [óuvərsàizd]	**adj.** 너무 큰
☐ **partnership** [páːrtnərʃìp]	**n.** 제휴, 협력
☐ **pioneer** [pàiəníər]	**n.** 개척자, 선구자
☐ **premier** [príːmiər]	**adj.** 최고의, 제1의
☐ **prestigious** [prestídʒəs]	**adj.** 명성 있는
☐ **reorganize** [rìːɔ́ːrgənàiz]	**v.** 재조직하다
☐ **retrospective** [rètrəspéktiv]	**adj.** 회고적인, 소급하는
☐ **sales and collections**	판매와 수금
☐ **set down to work**	일에 착수하다
☐ **start-up**	신규 업체
☐ **takeover** [téikòuvər]	**n.** 기업 인수
☐ **tool** [túːl]	**n.** 수단, 도구, 방편
☐ **training session**	교육 기간
☐ **union** [júːnjən]	**n.** 조합, 협회, 합병

ⓐ **affiliate** ☐	ⓑ **arbitrarily** ☐	ⓒ **counterpart** ☐
ⓓ **diversify** ☐	ⓔ **expand** ☐	ⓕ **incidental** ☐
ⓖ **inflamed** ☐	ⓗ **oversee** ☐	ⓘ **pending** ☐
ⓙ **revenue** ☐		

1 Any efforts to _____ the business should be cautious and strategic.

2 As a manager, you must keep in mind that _____ costs are difficult to predict.

3 Paul's _____ at the Detroit office gave him a lot of useful advice.

4 Decisions should not be made _____, but only after weighing all options.

5 Elaine's job is to _____ research and development of new products.

6 Existing personnel problems can be easily _____ by a lack of communication.

7 Our goal this year is to _____ the workforce and employ more women and minorities.

8 The new work order is ready, _____ your approval, sir.

9 To maintain a leadership position, it's wise not to _____ socially with employees.

10 We increased _____ by raising prices and developing three new products.

1. ⓔ 2. ⓕ 3. ⓒ 4. ⓑ 5. ⓗ 6. ⓖ 7. ⓓ 8. ⓘ 9. ⓐ 10. ⓙ

Day

05

경영 2

나도 이제 CEO의 마음

Management

161 ★
achievement
[ətʃíːvmənt]

ⓝ 성취, 달성

achieve ⓥ 얻다, 성취하다

💡 an outstanding **achievement** in science 괄목할 만한 과학적 성과

---

162 ★★
assist
[əsíst]

ⓥ 돕다, 조력하다

ⓝ 조력, 원조

💡 **assist** in the campaign 캠페인을 돕다
with an **assist** from technology
기술의 도움으로

---

163 ★★
capitalize
[kǽpətəlàiz]

ⓥ ~을 이용하다, 자본화하다, 대문자로 쓰다

💡 **capitalize** on opportunities
기회를 이용하다
capitalize a word 말을 대문자로 쓰다

---

164 ★★
characteristic
[kæriktərístik]

ⓝ 특징, 특성

adj 독특한

💡 important **characteristics** of all successful businessmen
성공한 사업가들의 중요한 특징

165 ★★
circumstance
[sə́ːrkəmstæ̀ns]

ⓝ 사정, 상황, 환경

💡 under special **circumstances**
특별한 경우에
present[particular] **circumstances**
현재[특정] 상황

---

166 ★★★
compel
[kəmpél]

ⓥ 강요하다, 억지로 시키다
compelling adj 강제적인, 흥미진진한

💡 **compel** businesses to reduce
carbon emissions
기업들에게 탄소 배출 감소를 강제하다

---

167 ★
consequence
[kánsəkwèns]

ⓝ 결과, 중요성
consequent adj 결과의

💡 inevitable **consequences** of the
decision 결정의 필연적인 결과

경영 2

---

168 ★★
consult
[kənsʌ́lt]

ⓥ 상담하다, 상의하다
consulting adj 자문의

💡 **consult** with a lawyer
변호사와 상의하다

169 ★★
crucial
[krúːʃəl]

adj 중요한

💡 a crucial decision[element]
중요한 결정[요소]

---

170 ★★
define
[difáin]

ⓥ 뜻을 명확히 하다, 정의를 내리다
definition ⓝ 한정, 정의
definite adj 명확한
definitely adv 확실히, 분명히

💡 a defined career path 명확한 진로

---

171 ★★★
deserved
[dizə́ːrvd]

adj ~할 만한 가치가 있는
deserve ⓥ ~할 자격이 있다

💡 a deserved promotion 당연한 승진
a well-deserved reputation
명성에 충분히 걸맞은

---

172 ★
determine
[ditə́ːrmin]

ⓥ 결심하다, 결정하다, 측정하다
determined adj 결연한, 단호한

💡 determine the effectiveness of
the program
프로그램의 효율성을 측정하다

173 ★★
devise
[diváiz]

ⓥ 고안하다, 발명하다
device ⓝ 장치, 발명품

💡 **devise** economic strategies
경제 전략을 고안하다
devise a practical and effective
plan 실용적이고 효과적인 계획을 마련하다

---

174 ★★★
exclusive
[iksklú:siv]

adj 독점적인, 유일한
exclusively adv 독점적으로, 오로지

💡 an **exclusive** right 독점권
available **exclusively** to the
members 회원들만 독점적으로 이용 가능한

---

175 ★
factor
[fǽktər]

ⓝ 요소, 원인

💡 a critical[determining] **factor**
결정적 요인
factors affecting our product
price
우리 제품의 가격에 영향을 미치는 요소들

---

176 ★
hurdle
[hə́:rdl]

ⓝ 곤란한 문제, 장애

💡 jump the **hurdle** 장애를 뛰어넘다

177 ★
incentive
[inséntiv]

ⓝ 혜택, 장려금

💡 financial **incentives** 재정적 유인책

---

178 ★★★
incorporate
ⓥ [inkɔ́ːrpərèit]
adj [inkɔ́ːrpərət]

ⓥ 포함시키다, 법인화하다
adj 법인의
incorporation ⓝ 통합
incorporated adj 법인 조직의

💡 **incorporate** a business
회사를 법인화시키다

---

179 ★★★
inevitable
[inévitəbl]

adj 피할 수 없는, 필연적인
inevitably adv 불가피하게

💡 as an **inevitable** consequence
필연적인 결과로서

---

180 ★
influence
[ínfluəns]

ⓝ 영향(력)
ⓥ 영향을 주다
influential adj 영향력이 있는

💡 have an **influence** on the results
결과에 영향을 끼치다

181 ★★★
integrate
[íntəgrèit]

ⓥ 통합하다, 완성하다
integrity ⓝ 완전무결
integration ⓝ 통합, 완성

💡 **integrate** the new proposal into
the report 보고서에 새 제안을 포함시키다
integrate the buildings with the
surrounding architecture
건물을 주변의 건축물과 통합시키다

182 ★
invest
[invést]

ⓥ 투자하다
investor ⓝ 투자자

💡 international **investors** 해외 투자자
investor cash 투자 자금

183 ★★
launch
[lɔ́:ntʃ]

ⓥ (계획에) 착수하다, (신제품을) 내보내다
ⓝ 출시

💡 decide to **launch** a new campaign
새로운 캠페인을 시작하기로 결정하다

184 ★★★
lucrative
[lú:krətiv]

adj 수익성이 좋은

💡 a **lucrative** business
수익성 좋은 사업

경영 2

185 ★★★
markedly
[máːrkidli]

adv 현저하게, 눈에 띄게

marked adj 현저한

💡 improve **markedly** in recent
months 최근 몇 달 동안 급격히 향상되다
markedly placed along the route
도로를 따라 눈에 띄게 배치된

---

186 ★★
merger
[máːrdʒər]

n 합병

merge v 합병하다

💡 **Merger** and Acquisition
인수 합병 (M&A)

agree on the terms of the **merger**
합병 조건에 합의하다

---

187 ★★
monopoly
[mənápəli]

n (상품의) 독점, 전매

monopolize v 독점하다

💡 have a **monopoly** on the market
시장에 대해 독점권을 가지다

---

188 ★★
negotiation
[nigòuʃiéiʃən]

n 교섭, 협상

negotiate v 협상하다, 교섭하다

💡 renew **negotiations** between
labor and management
노사 간의 협상을 재개하다

189 ★★
objective
[əbdʒéktiv]

ⓝ 목적, 목표

adj 객관적인

objectivity ⓝ 객관성

object ⓥ 반대하다 ⓝ 물건

objection ⓝ 반대

💡achieve an **objective** 목표를 달성하다
the primary[main] **objective**
주요 목표

---

190 ★★
operate
[ápərèit]

ⓥ 경영하다, 작용하다, (기계가) 움직이다

operation ⓝ 작용, 운행

operational adj 경영상의, 사용 중인

💡an **operating** budget 운영 예산
operate a machine 기계를 다루다
close **operation** 작동을 중단하다

---

191 ★
outline
[áutlàin]

ⓝ 윤곽, 개요

ⓥ 윤곽을 그리다, 개요를 작성하다

💡a general **outline** 개요
the terms **outlined** in this loan
agreement 이 대출 계약서에 적힌 조건

---

192 ★★
possess
[pəzés]

ⓥ 보유하다, 지니다

possession ⓝ 소유, 소유물

💡**possess** basic computer skills
기본 컴퓨터 기술이 있다
possess extensive knowledge
폭넓은 지식을 소유하다

193 ★★
promising
[prámisiŋ]

adj 장래성 있는, 전도유망한

promise v ~의 가망이 있다, 약속하다

n 약속, 전망

💡 a **promising** candidate
전도유망한 후보자

get off to a **promising** start
순조롭게 첫발을 떼다

---

194 ★★
quota
[kwóutə]

n 몫, 할당량

💡 a monthly production **quota**
월간 생산 할당량

assign a **quota** 할당량을 정하다

---

195 ★
risk
[rísk]

n 위험

v 위태롭게 하다

risky adj 위험한

💡 at **risk** 위험에 처한

a **risky** investment 위험한 투자

---

196 ★★
streamline
[stríːmlàin]

v 간소화하다

💡 **streamline** the reporting
procedures 보고 절차를 간소화하다

197 ★★
supervisor
[súːpərvàizər]

🔵 감독자, 통제자
supervise ⓥ 감독하다

💡 a site **supervisor** 현장 감독

---

198 ★★
surplus
[sə́ːrplʌs]

🔵 나머지, 잉여, 흑자

💡 nearly 30% of the budget **surplus**
거의 30%에 달하는 예산 흑자

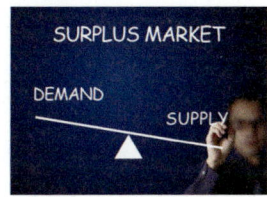

---

199 ★★
term
[tə́ːrm]

🔵 조건, 기한, 용어

💡 **terms** of employment 근로 조건
legal **terms** 법률 용어

---

200 ★★
undergo
[ʌ̀ndərgóu]

ⓥ (변화를) 겪다, (검열, 수술을) 받다

💡 **undergo** considerable downsizing
상당 수준의 감축을 단행하다
undergo a close inspection
정밀 검사를 받다

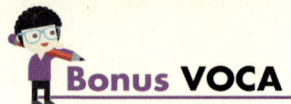
☐ **aside from**	~을 제외하고
☐ **commercial correspondence**	상업 통신문
☐ **confine** [kənfáin]	v. 국한시키다
☐ **contingency team**	비상대책반
☐ **credential** [kridénʃəl]	n. 신임장, 자격 증명서
☐ **discerning** [disə́:rniŋ]	adj. 통찰력이 있는
☐ **discredit** [diskrédit]	v. 명성에 손상을 입히다
☐ **draw up a new agreement**	새 계약서를 작성하다
☐ **driving force**	추진력
☐ **expertise** [èkspərtí:z]	n. 전문적 지식, 전문성
☐ **first priority**	최우선 사항
☐ **focus on**	~에 집중하다
☐ **foster** [fɔ́:stər]	v. 촉진하다, 육성하다
☐ **heighten** [háitn]	v. 높이다
☐ **increment** [ínkrəmənt]	n. (정기적인) 임금 인상
☐ **induce** [indjú:s]	v. 설득하다, 유발하다
☐ **inflate** [infléit]	v. 부풀게 하다, 팽창시키다
☐ **intercept** [ìntərsépt]	v. 가로막다
☐ **leading suppliers**	최고의 공급 업체들
☐ **make an attempt**	시도하다
☐ **marketable** [má:rkitəbl]	adj. 시장성이 높은
☐ **ongoing** [áŋgòuiŋ]	adj. 진행 중인

☐ **phase out**	단계적으로 제거하다
☐ **preclude** [priklú:d]	v. 불가능하게 하다, 막다
☐ **predecessor** [prédisèsər]	n. 이전 것, 전임자
☐ **rain check**	후일 구매권, 다음 기회
☐ **rapid** [rǽpid]	adj. 빠른, 신속한
☐ **reciprocal** [risíprəkəl]	adj. 상호 간의
☐ **relinquish** [rilíŋkwiʃ]	v. 포기하다
☐ **sabotage** [sǽbətà:ʒ]	n. 사보타주, (고의적인) 방해 행위
☐ **sharpen** [ʃá:rpən]	v. (기술을) 향상시키다, 날카롭게 만들다
☐ **shrinkage** [ʃríŋkidʒ]	n. 축소, 수축
☐ **subcontract** [sʌbkántrækt]	n. 하청 계약 v. 하청을 주다
☐ **subsidiary** [səbsídièri]	n. 자회사 adj. 부수적인
☐ **synthesis** [sínθəsis]	n. 종합, 통합
☐ **synthetic** [sinθétik]	adj. 합성의
☐ **tactics** [tǽktiks]	n. 전략
☐ **target** [tá:rgit]	n. 목표 v. 목표를 정하다
☐ **task force**	프로젝트 팀, 특별 전문 위원회
☐ **trademark** [tréidmà:rk]	n. 상표
☐ **tycoon** [taikún]	n. 업계의 거물
☐ **under the new management**	새로운 경영진 하에
☐ **win a contract**	계약을 따다

Day 05

경영 2

Daily TEST

보기 속 단어의 의미를 알고 있는지 확인하고, 빈칸에 적절한 단어를 고르세요.

ⓐ deserve ☐	ⓑ devised ☐	ⓒ exclusively ☐
ⓓ inevitable ☐	ⓔ integrating ☐	ⓕ launch ☐
ⓖ lucrative ☐	ⓗ promising ☐	ⓘ streamlining ☐
ⓙ surplus ☐		

1 After ＿＿＿＿＿ the production process, the company spent less and generated more inventory.

2 After suffering millions of dollars in losses, widespread layoffs were ＿＿＿＿＿.

3 Based on last year's numbers and several new developments, next year looks rather ＿＿＿＿＿.

4 Never give employees praise they haven't earned and don't ＿＿＿＿＿.

5 Regarding this confidential matter, you should communicate ＿＿＿＿＿ with the vice president.

6 The company has dedicated its ＿＿＿＿＿ revenue to employee salaries and benefits.

7 ＿＿＿＿＿ two divisions of the company can save money and boost profits.

8 The department director ＿＿＿＿＿ a plan to improve the services delivered last year.

9 This past fiscal year was promising but was not as ＿＿＿＿＿ as we predicted.

10 We plan to ＿＿＿＿＿ a new package of services and products based on customer feedback.

---

1. ⓘ 2. ⓓ 3. ⓗ 4. ⓐ 5. ⓒ 6. ⓙ 7. ⓔ 8. ⓑ 9. ⓖ 10. ⓕ

Day

06

쇼핑 · 고객 서비스

고객의, 고객에 의한, 고객을 위한

Shopping & Customer Service

201 ★★
acknowledge
[əknálidʒ]

ⓥ 인정하다, 감사하다, (편지 등을) 받았음을 알리다

acknowledgment ⓝ 승인, 감사

💡 **acknowledge** a mistake
실수를 인정하다

---

202 ★★
adversely
[ædvə́ːrsli]

adv 불리하게, 반대로

adverse adj 불리한

💡 **adversely** affect customers
고객들에게 부정적으로 영향을 주다

adverse economic conditions
불리한 경제 여건

---

203 ★
aisle
[áil]

ⓝ (좌석의 열, 진열대 사이의) 통로

💡 prefer an **aisle** seat
통로 쪽 자리를 더 좋아하다

---

204 ★
apologize
[əpálədʒàiz]

ⓥ 사과하다, 변명하다

💡 sincerely **apologize** for the inconvenience
불편을 끼친 것에 대해 진심으로 사과하다

205 ★★
appreciate
[əpríːʃièit]

ⓥ 인정하다, 감사하다
appreciation ⓝ 감사, 진가, 감상

💡 **appreciated** for its timeless
beauty 변함없는 아름다움으로 인정받는
in **appreciation** of your hard work
열심히 일해 주신 것에 대한 감사의 표시로

---

206 ★★
blemish
[blémiʃ]

ⓝ 흠
ⓥ 손상하다

💡 leave a **blemish** on its brand
reputation 브랜드의 명성에 오점을 남기다

---

207 ★★
breakage
[bréikidʒ]

ⓝ 파손(품)

💡 wrap items to prevent **breakage**
파손을 방지하기 위해 물건을 포장하다
responsible for the **breakage**
[damage] 파손에 대해 책임이 있는

---

208 ★★
browse
[bráuz]

ⓥ (가게 안을) 둘러보다, (책을) 대강 보다

💡 **browse** online for new cars
새 차를 사려고 온라인에서 상품을 훑어보다
browse the items that are listed
품목이 실린 리스트를 훑다

209 *

complaint
[kəmpléint]

🄝 불평, 불만

complain 🅥 불평하다

💡 make a **complaint** about the
service 서비스에 대해 불평하다

---

210 ***

complimentary
[kàmpləméntəri]

adj 무료의, 칭찬의

💡 a **complimentary** shuttle service
무료 셔틀 운행 서비스

---

211 *

consumer
[kənsú:mər]

🄝 소비자

💡 meet **consumer** needs
소비자의 욕구를 충족시키다

---

212 **

defective
[diféktiv]

adj 결함이 있는, 불완전한

defect 🄝 결함, 결점

💡 return a **defective** product
결함이 있는 상품을 반품하다
without a **defect** 결함이 없는

213 ★★
demanding
[dimǽndiŋ]

adj 요구가 많은, (일이) 힘든
demand v 요구하다

💡 a **demanding** customer
요구가 많은 소비자
physically **demanding**
육체적으로 힘든

---

214 ★
disappoint
[dìsəpɔ́int]

v 실망시키다, 기대에 어긋나다

💡 **disappointing** advertising sale
실망스러운 광고 수익
bitterly[deeply] **disappointed**
크게 실망한

---

215 ★
display
[displéi]

n 전시, 진열
v 전시하다, 진열하다

💡 goods on **display** 진열 상품
currently **displayed** in the show
window 현재 쇼윈도에 진열된

---

216 ★
dissatisfied
[dìssǽtisfàid]

adj 불만인

💡 calls from **dissatisfied** customers
불만이 있는 고객의 전화

217 ★★★
embellish
[imbéliʃ]

ⓥ 장식하다, 꾸미다

💡 **embellish** the front of the store
가게 앞을 장식하다

218 ★
fabulous
[fǽbjuləs]

adj 멋진, 믿어지지 않는

💡 perfect for your **fabulous** party
멋진 파티에 적격인
fabulous wealth 엄청난 재산

219 ★
favor
[féivər]

ⓝ 부탁, 친절, 호의
ⓥ 지지하다, 친절을 베풀다
favorite adj 마음에 드는

💡 do the customer a **favor**
고객의 부탁을 들어주다
find her **favorite** outfit
가장 마음에 드는 옷을 발견하다

220 ★
favorably
[féivərəbli]

adv 호의적으로, 순조롭게
favorable adj 호의적인, 유리한

💡 **favorably** received
호의적으로 받아들여지는
a **favorable** response to the
service 서비스에 대한 호의적인 반응

221 ★
fit
[fít]

ⓥ (목적, 시간 등에) 적합하다, (치수가) 맞다
adj 적당한, 꼭 맞는

💡 **fit** the needs of a single person
미혼자의 필요에 맞추다

222 ★★
garment
[gáːrmənt]

ⓝ 옷, 의복

💡 wear a bright yellow **garment**
밝은 노란색 옷을 입다

223 ★★
immediately
[imíːdiətli]

adv 즉시, 바로

💡 **immediately** take safety
measures 즉시 안전 조치를 취하다

224 ★
mistake
[mistéik]

ⓝ 실수
ⓥ 오해하다
mistaken adj 잘못된
mistakenly adv 잘못되게

💡 pay the bill of others by **mistake**
실수로 다른 사람의 것을 계산하다
mistakenly delivered to the wrong
address 틀린 주소로 잘못 배달된

쇼핑 · 고객 서비스

225 ★
necessity
[nəsésəti]

🄝 필요(성)

🄟 필수품

necessary `adj` 필요한, 없어서는 안 될

💡 become a **necessity** in modern life 현대 생활의 필수품이 되다

---

226 ★
order
[ɔ́:rdər]

🅥 주문하다

🄝 주문(품), 순서

💡 within 48 hours of the time you **order** 주문한 지 48시간 이내에

arrange the products in alphabetical **order** 상품을 알파벳 순서로 정리하다

---

227 ★★★
patron
[péitrən]

🄝 단골, 후원자, 보호자

patronize 🅥 단골로 삼다, 거래하다

patronage 🄝 단골 거래, 후원

💡 draw **patrons** 고객을 끌다

depend on private **patronage** 개인적인 후원에 의존하다

---

228 ★
place
[pléis]

🅥 (주문을) 하다, (~을 한 상태에) 두다

🄝 장소, 공간

💡 **place** an order 주문하다

take **place** 발생하다, (행사가) 열리다

229 ★★
potential
[pəténʃəl]

adj 가능한, 잠재하는
ⓝ 가능성, 잠재력
potentially adv 잠재적으로

💡 a **potential** customer[client]
　잠재 고객
　reach the full **potential**
　잠재력을 최대한 발휘하다

---

230 ★
prefer
[prifə́:r]

ⓥ 선호하다, 더 좋아하다
preference ⓝ 선호(도)

💡 **prefer** light colors to dark ones
　어두운 색보다 밝은 색을 선호하다
　personal **preference** 개인적 취향

---

231 ★
purchase
[pə́:rtʃəs]

ⓝ 구입, 구매
ⓥ 구입하다

💡 cancel a **purchase** 구매를 취소하다

---

232 ★★
query
[kwíəri]

ⓝ 질문

💡 answer a **query** 질문에 답하다

Day 06

쇼핑 · 고객 서비스

233 ⭐⭐

questionnaire

[kwèstʃənɛ́ər]

ⓝ 설문지, 조사표

💡 answer[complete, fill in, fill out]
a **questionnaire** 설문지를 작성하다

---

234 ⭐⭐

refund

ⓝ[rí:fʌnd]
ⓥ[rifʌ́nd]

ⓝ 환불(금)

ⓥ 환불하다

💡 receive[provide] a full **refund**
전액 환불을 받다[해 주다]

---

235 ⭐⭐

satisfaction

[sæ̀tisfǽkʃən]

ⓝ 만족, 충족

satisfactory ⓐⓓⓙ 만족스러운, 충분한

💡 customer **satisfaction** 고객 만족
satisfactory performance
만족스러운 성과

---

236 ⭐

seasonal

[sí:zənl]

ⓐⓓⓙ 계절적인, 임시의

💡 **seasonal** price cuts 시즌별 가격 할인

237 ★
selection
[silékʃən]

Ⓝ 진열 상품, 선발, 선택
select ⓥ 선택하다 adj 고른, 추려낸
selective adj 선택적인, 가리는

💡 a wide **selection** of ceramics
다양한 구색을 갖춘 도자기들
offer an extensive wine **selection**
다양한 와인을 제공하다

238 ★★★
troubleshooting
[trʌ́blʃùːtiŋ]

Ⓝ 문제 해결
troubleshoot ⓥ (분쟁을) 조정하다
troubleshooter Ⓝ 조정자

💡 consult the **troubleshooting**
guide 문제 해결 안내서를 참조하다

Day 06
쇼핑 · 고객 서비스

239 ★
unavailable
[ʌ̀nəvéiləbl]

adj 이용할 수 없는, 구할 수 없는

💡 currently **unavailable**
현재 사용할 수 없는

240 ★
unmet
[ʌ̀nmét]

adj (요구 등이) 채워지지 않는

💡 the **unmet** demand for quality
service
채워지지 않는 양질의 서비스에 대한 요구

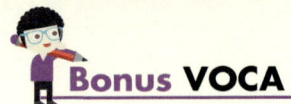

Bonus VOCA

- **antique** [æntíːk]   a. 골동의 n. 골동품
- **apparel** [əpǽrəl]   n. 의복, 의류
- **array** [əréi]   n. 진열, 배열
- **astonishingly** [əstániʃiŋli]   adv. 놀랍게도
- **await** [əwéit]   v. 대기하다, 기다리다
- **belated mail**   연착한 우편물
- **boycott** [bɔ́ikat]   n. 불매 운동 v. 불매하다
- **cardholder** [káːrdhòuldər]   n. 카드 소지자
- **change** [tʃéindʒ]   n. 잔돈
- **clothing** [klóuðiŋ]   n. 의류
- **complex** [kámpleks]   n. 건물 단지 adj. 복잡한
- **cordially** [kɔ́ːrdʒəli]   adv. 다정하게, 진심으로
- **costly** [kɔ́ːstli]   adj. 값비싼
- **costume** [kástjuːm]   n. 복장, 의상
- **counter** [káuntər]   n. 계산대 adj. 반대의
- **decoration** [dèkəréiʃən]   n. 장식, 훈장
- **disregard** [dìsrigáːrd]   v. 무시하다
- **enviable** [énviəbl]   adj. 부러운
- **faulty** [fɔ́ːlti]   adj. 결함이 있는
- **fondness** [fándnis]   n. 애호
- **gift certificate**   상품권
- **gratis** [grǽtis]   adv. 무료로
- **gratitude** [grǽtətjùːd]   n. 감사

□ **greet** [grí:t]	v. 인사하다, 환영하다
□ **guideline** [gáidlàin]	p. 지침
□ **hectic** [héktik]	adj. 몹시 바쁜
□ **in a courteous manner**	예의 바른 태도로
□ **inconvenience** [ìnkənví:njəns]	n. 불편 v. 불편하게 하다
□ **item** [áitəm]	n. 항목, 품목
□ **label** [léibəl]	n. 라벨, 꼬리표
□ **limited edition**	한정판
□ **overcharge** [òuvərtʃá:rdʒ]	v. 바가지 씌우다, 부당한 값을 요구하다
□ **overprice** [òuvərpráis]	v. 가격을 비싸게 매기다
□ **parking attendant**	주차장 직원
□ **question-and-answer**	질의 응답
□ **receipt** [risí:t]	n. 영수증, 수령, 수취
□ **request** [rikwést]	n. 요구, 요청 v. 요구[요청]하다
□ **resurface** [rì:sə́:rfis]	v. 재포장하다
□ **specimen** [spésəmən]	n. 견본
□ **speck** [spék]	n. 작은 얼룩
□ **tag** [tǽg]	n. (물건에 붙어 있는) 꼬리표
□ **time-consuming**	시간이 많이 걸리는
□ **trendsetter** [tréndsètər]	n. 유행을 선도하는 사람
□ **trial period**	사용 기간
□ **warranty** [wɔ́:rənti]	n. 품질 보증서

Day 06

쇼핑 · 고객 서비스

Daily TEST

보기 속 단어의 의미를 알고 있는지 확인하고, 빈칸에 적절한 단어를 고르세요.

1 If customers _____ a full refund, clerks should first check with a manager.

2 More than three customer complaints per month will have an _____ effect on business.

3 One online customer review became a huge _____ on the brand's reputation.

4 The _____ comes in every Saturday looking for a new outfit.

5 The shop had a lot of _____, but none of the clothes fit me properly.

6 The store has a great selection, but the customer service was not to my _____.

7 This belt can _____ a basic dress and make it very elegant.

8 This _____ should only be washed in cold water and hung up to dry.

9 This year, loyal customers will be rewarded with a(n) _____ tote bag and key chain.

10 We will try to help you _____ possible problems.

---

1. ⓓ   2. ⓐ   3. ⓑ   4. ⓖ   5. ⓗ   6. ⓘ   7. ⓔ   8. ⓕ   9. ⓒ   10. ⓙ

광고

눈이 즐겁고 지갑이 열리는

Advertisement

241 ★
admire
[ædmáiər]

Ⓥ 감탄하다, 존경하다
admiration ⓝ 감탄

💡 **admire** and respect tradition
전통을 존중하다

242 ★★
affordable
[əfɔ́ːrdəbl]

adj (값이) 알맞은, 구입할 수 있는
afford Ⓥ (시간, 경제적으로) 여유가 있다

💡 sold at **affordable** prices
적정한 가격으로 팔린

243 ★★
alluring
[əlúəriŋ]

adj 유혹하는

💡 the most captivating and **alluring**
commercials 가장 매혹적인 광고

244 ★
appearance
[əpíərəns]

ⓝ 모습, 외관, 출현
appear Ⓥ 출현하다

💡 monitors similar in **appearance**
외관상 똑같은 모니터

245 ★★
appliance
[əpláiəns]

ⓝ (가정용) 기구, 설비
apply ⓥ 사용하다, 적용되다

💡 electrical **appliances** 가전제품
apply to public holiday periods
공휴일 기간에 적용되다

---

246 ★★
assure
[əʃúər]

ⓥ 보장하다, 보증하다

💡 **assured** of a warm welcome
따뜻한 환대를 보장받는

---

247 ★
attract
[ətrǽkt]

ⓥ (사람, 주의, 흥미 등을) 끌다
attractive adj 매력적인
attraction ⓝ 매력

💡 **attract** parents' attention
부모들의 관심을 끌다

---

248 ★★★
authentic
[ɔːθéntik]

adj 진짜의, 믿을 만한

💡 **authentic** Turkish coffee
정통 터키 커피

영단

249 ★
available
[əvéiləbl]

`adj` (사물이) 이용 가능한, (사람이) 시간이
있는

💡 readily **available** to clean your
house 집 안 청소에 바로 이용 가능한

---

250 ★
bargain
[báːrgən]

`n` 흥정, (정상가보다) 저렴한 물건, 특가품
`v` 흥정하다, 값을 깎다

💡 buy a car at a good **bargain**
좋은 가격에 차를 사다

---

251 ★★
comparable
[kámpərəbl]

`adj` 비슷한, 비교할 만한

💡 **comparable** in price
가격면에서 비슷한

---

252 ★★★
compatible
[kəmpǽtəbl]

`adj` 호환성의
compatibility `n` 호환성

💡 **compatible** with existing
accounting software
기존의 회계 프로그램과 호환이 되는

SOCIAL NETWORK

253 ★★
complete
[kəmplíːt]

ⓥ 완료하다, (서류를 빠짐없이) 작성하다
adj 완벽한, 완전한

💡 a successfully **completed** sales event 성공적으로 끝난 할인 행사

---

254 ★★★
customize
[kʌ́stəmàiz]

ⓥ 맞춤화하다
customer ⓝ 소비자

💡 a **customized** product
맞춤 제작된 물건

---

255 ★★
delicate
[délikət]

adj 섬세한, 부드러운, 깨지기 쉬운
delicacy ⓝ 섬세함, 미묘함

💡 sensitive and **delicate** skin
민감하고 약한 피부
a **delicate** issue 민감한 문제
the **delicacy** of the situation
상황의 미묘함

---

256 ★★
desirable
[dizáiərəbl]

adj 바람직한, 이상적인
desirably adv 바람직하게

💡 constructed on the most **desirable** piece of land
가장 좋은 땅에 건설된

광고

257 ★★
durable
[djúərəbl]

adj 내구성 있는, 튼튼한

durability **n** 내구성

💡 materials **durable** and easy to use
튼튼하고 사용하기 쉬운 재료

258 ★★★
elaborate
adj [ilǽbərət]
v [ilǽbərèit]

adj 공들인, 정교한

v 정교하게 만들다, 자세히 말하다

💡 **elaborate** design in rich colors
다채로운 색상의 정교한 디자인

259 ★
excellent
[éksələnt]

adj 우수한, 뛰어난

excel **v** 능가하다

excellence **n** 우수, 탁월

💡 in **excellent** condition
상태가 아주 좋은
guarantee the **excellence** of the
quality 우수한 품질을 보증하다

260 ★★★
extravagant
[ikstrǽvəgənt]

adj 낭비하는, 사치스러운

extravagance **n** 사치품, 낭비(벽)

💡 colorful flowers and **extravagant**
gifts on a special day
특별한 날의 화려한 꽃과 사치스러운 선물
the **extravagant** expenditure of
tax money 터무니없는 세금 지출

261 ★
fully
[fúli]

adv 충분히, 완전히

💡 **fully** satisfied 매우 만족하는
become fully operational
완전히 작동 가능하다

---

262 ★★★
genuine
[dʒénjuin]

adj 진품의, 성실한

💡 use only **genuine** parts
진품만을 사용하다

---

263 ★★
include
[inklú:d]

ⓥ 포함하다, 포함시키다

inclusion ⓝ 포함

💡 **include** the rental fee in the
package 대여료를 패키지에 포함시키다

---

264 ★★★
moderate
adj [mádərət]
ⓥ [mádərèit]

adj 적당한, 온건한
ⓥ 절제하다, 완화하다

💡 high quality real leather at
moderate prices
적당한 가격의 고품질 진짜 가죽

265 ⭐⭐
notable
[nóutəbl]

adj 눈에 띄는, 주목할 만한
note ⓥ 주목하다, 언급하다
noted adj 잘 알려진, 유명한

💡 the most **notable** feature in this brand new product
이 신제품의 가장 눈에 띄는 특징

---

266 ⭐
original
[ərídʒənl]

adj 원래, 처음에는
origin ⓝ 시초, 기원

💡 in its **original** condition 원상태로
his theory of the **origin** of life
생명의 기원에 대한 그의 이론

---

267 ⭐⭐
proper
[prápər]

adj 적당한, 타당한

💡 **proper** for a family dinner
가족 만찬에 적합한
proper start-up procedures
올바른 시동 절차

---

268 ⭐⭐
provide
[prəváid]

ⓥ 마련하다, 제공하다

💡 **provide** sanitary services for the public 대중에게 위생 서비스를 제공하다

269 ★★
reasonable
[ríːzənəbl]

adj 합리적인, 비싸지 않은

💡 at a **reasonable** price 합리적인 가격에

270 ★★★
recline
[rikláin]

v (의자가) 젖혀지다, 기대다

💡 a chair with comfortably **reclined** posture
자세가 편안하게끔 뒤로 젖혀지는 의자

271 ★★
remarkable
[rimáːrkəbl]

adj 놀랄 만한, 뛰어난

💡 a **remarkable** new product
놀랄 만한 신상품

a room with **remarkable** views
전망이 멋진 방

272 ★★
sophisticated
[səfístəkèitid]

adj 정교한, 복잡한, 세련된

sophistication n 정교함

💡 use of more **sophisticated** machinery 더 정교한 장비의 사용

암고

273 ★★

sufficient

[səfíʃənt]

adj 충분한

sufficiently adv 충분히

💡 a tent **sufficient** for the campers' needs 야영객들을 충분히 만족시키는 텐트

---

274 ★

suitable

[súːtəbl]

adj 적합한, 적절한

💡 **suitable** for outdoor activities
야외 활동에 적합한

a **suitable** payment schedule
적절한 지불 일정

---

275 ★

superior

[səpíəriər]

adj 뛰어난, 우수한

n 우수한 사람, 윗사람

💡 **superior** in quality 질적으로 우수한

276

terrific

[tərífik]

adj 굉장한, 엄청난

💡 **terrific** news for music lovers
음악 애호가들에게 굉장한 소식

terrific demand 엄청난 수요

277 ★★
timely
[táimli]

`adj` 때에 알맞은, 시기적절한

💡 make a **timely** decision
시기적절한 결론을 내리다

278 ★
various
[véəriəs]

`adj` 다양한, 가지각색의

vary `v` 다르다, 가지각색이다

variety `n` 각양각색, 다양성

💡 **various** features of the camera
카메라의 다양한 특징

vary between countries
국가마다 다르다

279 ★
widely
[wáidli]

`adv` 널리, 크게

💡 one of the most **widely** used and loved
가장 널리 사용되고 사랑받는 것 중의 하나

widely different opinions
크게 다른 견해들

280 ★★
worth
[wə́ːrθ]

`adj` 가치 있는

`n` 가치, (얼마) 어치

💡 a mansion **worth** about 10 million dollars 1천만 달러의 가치가 있는 저택

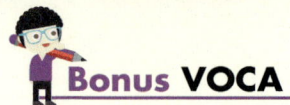

Bonus VOCA

☐ **assimilate** [əsíməlèit]	v. 자기 것으로 흡수하다, 같게 하다	
☐ **at special prices**	특별 할인가로	
☐ **brand** [brǽnd]	n. 상표, 브랜드	
☐ **brochure** [brouʃúər]	n. (광고 등의) 소책자	
☐ **compact** [kəmpǽkt]	adj. 소형의	
☐ **cutting-edge**	최첨단의	
☐ **defy description**	이루 말로 할 수 없다	
☐ **drag** [drǽg]	v. 끌다	
☐ **easily accessible**	쉽게 접근할 수 있는	
☐ **easily available**	쉽게 이용 가능한	
☐ **extraordinary** [ikstrɔ́:rdənèri]	adj. 이례적인, 훌륭한	
☐ **finished** [fíniʃt]	adj. 마무리가 된	
☐ **flawless** [flɔ́:lis]	adj. 결점 없는	
☐ **furnished** [fə́:rniʃt]	adj. 가구가 비치된	
☐ **guarantee** [gæ̀rəntí:]	n. 보증(서), 담보(물) v. 보장하다	
☐ **handbill** [hǽndbìl]	n. 광고지, 전단	
☐ **handheld** [hǽndhèld]	adj. 휴대용의	
☐ **handmade** [hǽndméid]	adj. 수공의	
☐ **high-end**	최고급의	
☐ **inexpensive** [ìnikspénsiv]	adj. 비싸지 않은	
☐ **innovative designs**	혁신적인 디자인	
☐ **latest** [léitist]	adj. 최신의	

☐ **lavish** [lǽviʃ]	adj. 사치스러운
☐ **leaflet** [líːflit]	n. 전단
☐ **long-lasting**	오랫동안 쓸 수 있는
☐ **luxury** [lʌ́kʃəri]	n. 사치(품) adj. 사치스러운
☐ **made-to-order**	맞춤 제작된
☐ **marketing tool**	마케팅 수단
☐ **outsell** [àutsél]	v. ~보다 많이 팔리다
☐ **portable** [pɔ́ːrtəbl]	adj. 휴대용의
☐ **practical** [prǽktikəl]	adj. 현실적인, 적용 가능한
☐ **precious** [préʃəs]	adj. 귀중한
☐ **product flyers**	제품 광고지
☐ **refurbish** [rìːfə́ːrbiʃ]	v. 새단장하다
☐ **sensor** [sénsər]	n. 감지기
☐ **situated** [sítʃuèitid]	adj. 위치해 있는
☐ **sleek** [slíːk]	adj. 윤기 나는
☐ **sturdy** [stə́ːrdi]	adj. 견고한, 튼튼한
☐ **stylish** [stáiliʃ]	adj. 패션 감각이 있는, 멋진
☐ **tidy** [táidi]	adj. 단정한, 말쑥한, 깔끔한
☐ **top-of-the-line**	최고급의
☐ **trustworthy** [trʌ́stwə̀ːrði]	adj. 믿을 수 있는
☐ **upscale** [ʌ́pskèil]	adj. 부유층 대상의
☐ **up-to-date**	최신의
☐ **user-friendly**	사용하기 편한

ⓐ affordable ☐	ⓑ appliances ☐	ⓒ assured ☐
ⓓ compatible ☐	ⓔ customized ☐	ⓕ durable ☐
ⓖ moderately ☐	ⓗ reasonable ☐	ⓘ sophisticated ☐
ⓙ worth ☐		

1 At HD-Tech, drivers will find quality vehicles at _____ prices.

2 Customers can be _____ technicians will be available 24 hours a day.

3 If you're looking for _____ priced homes in Atlanta, call City Real Estate today.

4 In honor of Mother's Day, all electrical _____ are 50% off.

5 LCD International brings you the most _____ system for managing delivery and customer inquiries.

6 Our salesmen are compassionate and _____ —they want to find the right deal for you.

7 Shelves and storage units can be _____ to fit in any room.

8 These dishes are _____ $99, but we'll sell them to you for $49.

9 This kitchenware is the most _____ on the market and comes with a lifetime guarantee.

10 This latest software is _____ with all computers developed after 2010.

1. ⓐ 2. ⓒ 3. ⓖ 4. ⓑ 5. ⓘ 6. ⓗ 7. ⓔ 8. ⓙ 9. ⓕ 10. ⓓ

Day

08

관광

죽기 전에 지구를 다 밟아보자

Sightseeing

Day 08

281 ★★★
accommodate
[əkámədèit]

ⓥ 수용하다, 숙박시키다, (부탁을) 들어주다
accommodation ⓝ 숙박 시설

💡 **accommodate** 800 guests
손님 800명을 수용하다
accommodate a request
요청을 받아들이다

282 ★
affair
[əfέər]

ⓝ 일, 사건

💡 a news program covering local
affairs 지역 사건을 취재하는 뉴스 프로그램

283 ★
agency
[éidʒənsi]

ⓝ 대리점, 대행사, (정부) 기관
agent ⓝ 대리인, 중개상

💡 contact travel **agencies** to book
a tour 여행 예약을 하려고 여행사에 연락하다

284 ★★
altitude
[ǽltitjùːd]

ⓝ 고도, 높이

💡 cruise at a moderate **altitude**
적당한 고도로 비행하다

285 ★★
approve
[əprúːv]

ⓥ 승인하다, 인정하다

approval ⓝ 승인, 인정

💡 officially **approve** of the trip to Cuba

쿠바로 여행하는 것을 공식적으로 승인하다

286 ★
arrival
[əráivəl]

ⓝ 도착, 도달

arrive ⓥ 도착하다

💡 on **arrival** at the airport

공항에 도착하자마자

287 ★★
attraction
[ətrǽkʃən]

ⓝ 관광 명소

💡 the most visited tourist **attraction**

가장 즐겨 찾는 관광 명소

288 ★
belonging
[bilɔ́ŋiŋ]

ⓟ 소지품, 소유물

💡 carry their personal **belongings**

개인 소지품을 가지고 다니다

289 ★★★
certificate
[sərtífikət]

ⓝ 증명(서), 면허증
certification ⓝ 증명서, 자격증

💡 prepare a health **certificate**
건강 진단서를 준비하다
a **certificate** in accounting
회계 자격증

---

290 ★★
commission
[kəmíʃən]

ⓝ 수수료, 수당, 위임, 위원회
commissioner ⓝ 위원, 이사

💡 deduct a **commission**
수수료를 공제하다
an investigation **commission**
조사 위원회

---

291 ★★★
compartment
[kəmpáːrtmənt]

ⓝ 칸막이, 구획

💡 an overhead **compartment**
머리 위 짐칸
a first-class **compartment** 1등실

---

292 ★★
confirm
[kənfə́ːrm]

ⓥ 확인하다, 승인하다
confirmation ⓝ 확정

💡 **confirm** a reservation 예약을 확인하다
a **confirmation** number
예약 확인 번호

293 ★★
convenience
[kənvíːnjəns]

🅝 편의, 편리
convenient 〔adj〕 편리한

💡 for your **convenience**
귀하의 편의를 위해
at your earliest **convenience**
형편이 닿는 대로 빨리

---

294 ★
cruise
[krúːz]

🅝 유람선 여행

💡 go on a **cruise** 유람선 여행을 하다

---

295 ★★
declaration
[dèkləréiʃən]

🅝 신고서, 선언, 발표
declare 〔v〕 선언하다, 신고하다

💡 fill out a customs **declaration**
form 세관 신고서를 작성하다

---

296 ★
deny
[dináí]

🅥 거부하다, 부인하다
denial 🅝 거부, 부인

💡 **deny** a visa request
비자 신청이 받아들여지지 않다

Day 08

297 ★★
depart
[dipá:rt]

ⓥ 출발하다, 떠나다
departure ⓝ 출발

💡 **depart** from Terminal 5
5번 터미널에서 출발하다
check in at least 1 hour before
departure time
최소 출발 1시간 전에 체크인하다

---

298 ★★
destination
[dèstənéiʃən]

ⓝ 목적지

💡 reach their travel **destination**
여행의 목적지에 도착하다

---

299 ★★
exotic
[igzátik]

adj 이국풍의

💡 visit **exotic** places all over the
world 전 세계의 이국적인 장소들을 방문하다

---

300 ★★
historic
[histɔ́:rik]

adj 역사적으로 중요한
historical adj 역사(상)의

💡 the efforts to preserve **historic**
landmarks 역사적 명소를 보존하려는 노력

301 ★★
immigration
[ìməgréiʃən]

ⓝ (공항, 항구의) 출입국 관리소, 이민
immigrant ⓝ 이주자

💡 clear **immigration**
출입국 관리소를 통과하다
fill out the **immigration** form
출입국 신고서를 작성하다

---

302 ★
insert
[insə́:rt]

ⓥ 넣다, 삽입하다
insertion ⓝ 삽입

💡 **insert** a coin into the slot
투입구에 동전을 넣다

---

303 ★★★
itinerary
[aitínərèri]

ⓝ 여행 일정

💡 plan an **itinerary** 여행 일정을 짜다

---

304 ★
leave
[líːv]

ⓥ 놓아두다, 떠나다
ⓝ (신청에 의한) 휴가

💡 **leave** for vacation 휴가를 떠나다
take sick **leave** 병가를 내다

305 *

location
[loukéiʃən]

ⓝ 위치, 장소

💡 the most popular filming **location**
가장 인기 있는 영화 촬영지

---

306 ***

magnificent
[mægnífəsnt]

adj 훌륭한, 뛰어난, 엄청난

💡 a **magnificent** sight 장관
earn a **magnificent** reward
막대한 보수를 받다

---

307 **

memorial
[məmɔ́ːriəl]

ⓝ 기념비
adj 기념의, 추도[추모]의

💡 a **memorial** for the soldiers
군인들을 위한 기념비

---

308 *

obey
[oubéi]

ⓥ 복종하다
obedience ⓝ 복종, 순종

💡 **obey** the local traffic rules
지역의 교통 법규를 지키다

309 ★★
overlook
[òuvərlúk]

ⓥ 간과하다, 내려다보다

💡 a standard room **overlooking** the bay 바다가 내려다 보이는 일반 객실
overlook the mistake
실수를 눈감아 주다

310 ★★★
privilege
[prívəlidʒ]

ⓝ 특권, 혜택
ⓥ ~에게 특권을 주다

💡 eligible for a parking **privilege**
주차 특권을 받을 자격이 있는
abuse their **privileges** 특혜를 남용하다

311 ★
recharge
[rì:tʃá:rdʒ]

ⓥ 재충전하다
ⓝ 재충전

💡 a resort where people can relax and **recharge**
휴식을 취하며 재충전할 수 있는 휴양지
recharge the traffic card
교통 카드를 재충전하다

312 ★
recommend
[rèkəménd]

ⓥ 추천하다
recommendation ⓝ 추천

💡 a highly **recommended** package tour 적극 추천하는 패키지 여행

313 ★★
refrain
[rifréin]

ⓥ 자제하다, 삼가다

💡 **refrain** from using a mobile phone
휴대전화 사용을 자제하다

---

314 ★
remainder
[riméindər]

ⓝ 나머지
remain ⓥ (~인 상태로) 계속 있다, 남다

💡 throughout the **remainder** of the
summer 남은 여름 동안

---

315 ★
route
[rúːt]

ⓝ 길, 경로, 노선

💡 the faster **route** to the beach
해변으로 가는 더 빠른 길
en **route** 도중에

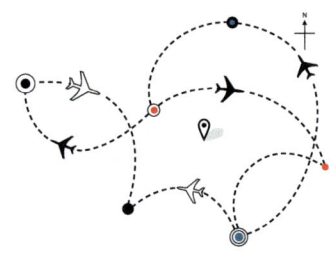

---

316 ★
scenic
[síːnik]

adj 경치가 좋은
scenery ⓝ 경치, 풍경

💡 enjoy the **scenic** drive along the
river 강을 따라 경치가 좋은 도로를 달리다

317 ★★
souvenir
[sùːvəníər]

Ⓝ 기념품, 유물

💡 stop at the hotel **souvenir** shop
호텔 기념품 가게에 들르다

---

318 ★★
spectacular
[spektǽkjulər]

adj 대규모의, 장관의

spectacle Ⓝ 광경, 구경거리

💡 **spectacular** architecture
웅장한 건축 양식

one of nature's most exciting
spectacles
자연의 가장 흥미진진한 광경 중 하나

---

319 ★★★
spot
[spát]

Ⓝ 장소, 얼룩

Ⓥ 발견하다, 파악하다

💡 park their van in a quiet **spot** near
the lake
호수 근처의 한적한 장소에 밴을 주차하다

hit the **spot** 만족스럽다, 더할 나위 없다

---

320 ★★
valuable
[vǽljuəbl]

Ⓟ 귀중품

💡 keep **valuables** in a hotel safe
귀중품을 호텔 금고에 맡기다

관광

Day 08

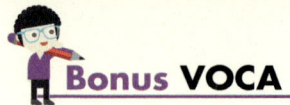
☐	**aboard** [əbɔ́ːrd]	adv. 배로, 승선하여
☐	**airfare** [ɛ́ərfɛ̀ər]	n. 항공 요금
☐	**airsickness** [ɛ́ərsìknis]	n. 비행기 멀미
☐	**anchor** [ǽŋkər]	n. 닻
☐	**atrium** [éitriəm]	n. 중앙 홀
☐	**berth** [bə́ːrθ]	n. (배, 기차 등의) 침대
☐	**boarding ticket**	탑승권
☐	**cancellation fee[charge]**	취소 수수료
☐	**captivate** [kǽptəvèit]	v. 마음을 사로잡다, 매혹하다
☐	**carousel** [kæ̀rəsél]	n. (공항의) 수하물 컨베이어 벨트
☐	**chamber** [tʃéimbər]	n. 방
☐	**concierge** [kànsiέərʒ]	n. (호텔의) 안내인
☐	**corridor** [kɔ́ːridər]	n. 복도
☐	**disembark** [dìsembáːrk]	v. (비행기, 배에서) 내리다
☐	**ferry** [féri]	n. 여객선
☐	**guided tour**	가이드 투어
☐	**harbor** [háːrbər]	n. 항구 v. (배가) 항구에 정박하다
☐	**hotelier** [hòutəlíər]	n. 호텔 소유자[경영자]
☐	**in-flight**	기내의
☐	**inn** [ín]	n. 여관
☐	**jet lag**	(시차로 인한) 피로
☐	**journey** [dʒə́ːrni]	n. 여행
☐	**landing** [lǽndiŋ]	n. 착륙

☐ **landmark** [lǽndmàːrk]	n. 유명한 건물, 유명한 장소	
☐ **layover** [léiòuvər]	n. (비행기의) 도중 하차	
☐ **missing luggage**	분실한 짐	
☐ **monument** [mánjumənt]	n. 기념비	
☐ **mural** [mjúərəl]	adj. 벽에 그린 n. 벽화	
☐ **nationality** [næ̀ʃənǽləti]	n. 국적	
☐ **native** [néitiv]	adj. 토착의, 원주민의	
☐ **off-season**	한산할 시기, 비수기	
☐ **overnight stay**	1박	
☐ **overwhelming** [òuvərhwélmiŋ]	adj. 압도적인	
☐ **pack** [pǽk]	v. 짐을 꾸리다 n. 짐	
☐ **passenger** [pǽsəndʒər]	n. 승객	
☐ **personal effects**	개인 소지품	
☐ **round trip**	왕복 여행	
☐ **splendor** [spléndər]	n. 장엄함	
☐ **stroll** [stróul]	v. 한가롭게 거닐다, 산책하다	
☐ **suite** [swíːt]	n. (호텔의) 스위트룸	
☐ **sunbathe** [sánbèið]	v. 일광욕을 하다	
☐ **terminal** [tə́ːrmənl]	n. 종점	
☐ **touchdown** [tátʃdàun]	n. 착륙 (순간)	
☐ **turbulence** [tə́ːrbjələns]	n. 난기류	
☐ **voyage** [vɔ́iidʒ]	n. (원거리) 항해, 항행	

관광

Day 08

157

Daily TEST

보기 속 단어의 의미를 알고 있는지 확인하고, 빈칸에 적절한 단어를 고르세요.

ⓐ accommodate ☐	ⓑ arrival ☐	ⓒ compartment ☐
ⓓ confirm ☐	ⓔ declaration ☐	ⓕ destinations ☐
ⓖ exotic ☐	ⓗ itinerary ☐	ⓘ overlooked ☐
ⓙ privileges ☐		

1 All passengers must submit an accurate customs
_____ in order to enter the country.

2 Bags longer than 45 inches cannot fit in the overhead
_____ during flight.

3 Camping World's newest tent can _____ a family of
six comfortably.

4 I'm calling to change my trip _____ due to a family
emergency.

5 Our room in Acapulco _____ the bay, and we could
see all the ships coming in.

6 Passengers who fly more than 50,000 miles each year
can earn special _____ .

7 Skyward Airlines services more than 60 _____ in
Central and South America.

8 Though the travel can be dangerous, Jeff likes to visit the
most _____ landscapes.

9 _____ times are subject to change due to weather
conditions.

10 Travelers should call the day before to _____ their
reservations.

---

1. ⓔ 2. ⓒ 3. ⓐ 4. ⓗ 5. ⓘ 6. ⓙ 7. ⓕ 8. ⓖ 9. ⓑ 10. ⓓ

Day 09

행정

무든 허락을 받아야 하는 사회

Government

QR코드로 영미 발음을 확인하세요.

---

321 ★★
abolish
[əbáliʃ]

Ⓥ (제도, 법률을) 폐지하다
abolition ⓝ (제도, 법률의) 폐지

💡 **abolish** capital punishment
사형제를 폐지하다

---

322 ★
administration
[ədmìnistréiʃən]

ⓝ 관리, 행정
administrator ⓝ 행정가, 관리자
administrative adj 행정의, 관리의

💡 skilled at office **administration**
행정 업무에 능숙한
unbiased **administration** of public
funding 공정한 공금 관리

---

323 ★★
adopt
[ədápt]

Ⓥ 채택하다, 입양하다
adoption ⓝ 채택, 입양

💡 **adopt** a proposal 제안을 받아들이다
adopt two children from Africa
두 명의 아프리카 아이를 입양하다

---

324 ★
allow
[əláu]

Ⓥ ~하게 하다, 허락[허가]하다
allowance ⓝ 허용치, 수당, 용돈

💡 **allow** the fund to invest
기금을 투자하도록 허가하다
luggage[baggage] **allowance**
수하물 허용 중량

325 ★★★

annex
ⓥ[ənéks]
ⓝ[æneks]

ⓥ 부가하다, (국가, 지역 등을) 합병하다

ⓝ 부가물, 별관

💡 **annex** the islands 섬을 합병하다

---

326 ★★

associate
ⓝ[əsóuʃiət]
ⓥ[əsóuʃieit]

ⓝ 동료, 제휴자

ⓥ 관련시키다, 연상하다, 교제하다

association ⓝ 제휴, 연합, 단체

💡 work with business **associates**
사업 동료들과 협력하다

associated with cancer
암과 관련된

---

327 ★★

authorize
[ɔ́:θəràiz]

ⓥ 허가하다, 승인하다

authorization ⓝ 허가

authority ⓝ 권위자, 권한, 당국

authorized adj 공인된, 권한을 부여 받은

💡 **authorized** to give the information
정보를 제공할 권한이 있는

an **authorized** agent 지정 대리인

---

328 ★★

confidential
[kànfidénʃəl]

adj 기밀의, 은밀한

confidentially adv 비밀리에, 은밀하게

💡 **confidential** documents
[information] 기밀 서류[정보]

keep clients' files **confidential**
고객 파일을 기밀에 부치다

329 ★
consider
[kənsídər]

Ⓥ 고려[숙고]하다

💡 **consider** him an expert
그를 전문가로 간주하다
consider applying for a job
입사 지원하는 것을 고려하다

---

330 ★
control
[kəntróul]

Ⓝ 관리, 통제
Ⓥ 관리하다, 통제하다

💡 have[take] **control** of the local
council 지방 의회를 통제하다
in **control** of the department
부서를 관리하는

---

331 ★★
conventional
[kənvénʃənəl]

adj 전통적인, 틀에 박힌
convention Ⓝ 회의, 관습
convene Ⓥ (회의 등을) 소집하다

💡 **conventional** wisdom 일반 통념
advantages over **conventional**
bookstores 기존 서점에 비해 유리한 점

---

332 ★★★
curtail
[kərtéil]

Ⓥ 축소시키다

💡 **curtail** expenses 비용을 삭감하다

162

333 ★★★
daunt
[dɔ́:nt]

ⓥ 겁먹게[기죽게] 하다

💡 a **daunting** task 벅찬 업무
daunted by the amount of
responsibility 맡은 일의 양에 기가 죽은

---

334 ★★
designate
[dézigneit]

ⓥ 지정하다, 지명하다
designation ⓝ 지정
designated adj 지정된

💡 **designate** her as the guardian
그녀를 보호자로 지정하다

---

335 ★★
discard
[diská:rd]

ⓥ 버리다, 폐기하다

💡 **discard** those old ideas
진부한 생각을 버리다
discard unwanted items
쓸모없는 물건을 버리다

---

336 ★
document
[dákjumənt]

ⓝ 서류, 문서
ⓥ 기록하다, 문서를 작성하다

💡 sort the **documents** 서류들을 분류하다

337 ★★
enforce
[infɔ́ːrs]

Ⓥ 시행하다, 실시하다
enforcement Ⓝ 시행, 집행

💡 **enforce** the law 법을 집행하다
enforce new regulations
새로운 규정을 시행하다

---

338 ★★
enhance
[inhǽns]

Ⓥ 강화하다, 증진하다
enhanced adj 강화된, 향상된

💡 **enhance** the status 입지를 강화하다
enhanced efficiency[importance]
높아진 효율성[중요성]

---

339 ★★★
entitle
[intáitl]

Ⓥ 자격을 주다
title Ⓝ 표제, 직함

💡 **entitled** to a pension
연금을 받을 자격이 주어진
entitled to vote 투표할 자격이 주어진

---

340 ★★
executive
[igzékjutiv]

Ⓝ 임원, 이사
adj 행정적인, 관리의
execute Ⓥ 실행하다, 집행하다

💡 an **executive** authority 행정 권한
an **executive** meeting 임원 회의

341 ★★★
grant
[grǽnt]

ⓝ 보조금
ⓥ 승인하다

💡 give[award] a **grant** 보조금을 주다
grant permission 허가해 주다

342 ★★
imperative
[impérətiv]

adj 필수적인, 긴급한
ⓝ 필요성, 책무, 명령
imperatively adv 긴급히

💡 **imperative** in this field
이 분야에서 필수적인

343 ★★★
impose
[impóuz]

ⓥ 부과하다, 강요하다
imposition ⓝ 부과

💡 **impose** strict conditions on the
company 회사에 엄격한 조건을 부과하다
impose constraints 제한을 가하다

344 ★★
incompetence
[inkámpitəns]

ⓝ 무능력
incompetent adj 무능한

💡 point out the **incompetence** of
the mayor 시장의 무능력을 지적하다

345 ★★
irrelevant
[iréləvənt]

adj 관계가 없는, 무관한

💡 **irrelevant** to this matter
이 문제와는 관계가 없는
an **irrelevant** question 무관한 질문

346 ★★★
mandatory
[mǽndətɔ̀:ri]

adj 강제의, 의무적인

mandate ⓥ 권한을 주다, 명령하다
ⓝ 권한, 명령

💡 the **mandatory** training session
의무 교육 과정

347 ★★
measure
[méʒər]

ⓝ 조치, 수단, 방도
ⓥ 측정하다, (중요성 등을) 평가하다

💡 take **measures** 조치를 취하다
preventive **measures** 예방 조치

348 ★
monitor
[mάnitər]

ⓥ 감시하다, 관리하다
ⓝ 화면, 감시 장치, 감시 요원

💡 **monitor** the process closely
과정을 면밀히 감시하다

349 ★★
neutrality
[njuːtrǽləti]

ⓝ 중립(성)

neutral adj 중립의

💡 keep the **neutrality** in the process
과정에 있어 중립성을 지키다

---

350 ★
notify
[nóutəfài]

ⓥ 통지하다, (공식적으로) 알리다

notification ⓝ 알림, 통보

💡 **notify** the contractor in writing
계약자에게 서면으로 알리다

notify the employees of the
decision 직원들에게 결정을 통지하다

prior **notification** 사전 통지

---

351 ★★
nuisance
[njúːsns]

ⓝ 귀찮은 일, 성가신 일

💡 cause a public **nuisance**
공공의 방해가 되다

---

352 ★
permission
[pərmíʃən]

ⓝ 허가, 허락

permit ⓥ 허가하다, 허락하다
ⓝ 허가(증), 증명서

permissive adj 허가하는

💡 without prior **permission**
사전 허가 없이

require written **permission**
서면 확인이 필요하다

353 ★★★

pose

[póuz]

ⓥ (위협, 문제 등을) 제기하다, 자세를 취하다

ⓝ 자세, 꾸민 태도

💡 **pose** a serious problem
중요한 문제를 제기하다

pose for a picture 사진 포즈를 취하다

---

354 ★★

punctual

[pʌ́ŋktʃuəl]

adj 시간을 잘 지키는

punctuality ⓝ 시간 엄수

💡 **punctual** for appointments
약속 시간을 엄수하는

---

355 ★

reject

ⓥ [ridʒékt]
ⓝ [rí:dʒekt]

ⓥ 거절[거부]하다, 불합격으로 처리하다

ⓝ 불량품

rejection ⓝ 거절, 폐기, 부결

💡 **reject** a petition 청원을 기각하다

reject a job offer 일자리 제안을 거절하다

---

356 ★★

respective

[rispéktiv]

adj 각각의

respectively adv 각각

💡 in **respective** fields 각각의 분야에서

the property of **respective**
contractors 각 계약자의 자산

168

357 ★★
revised
[riváizd]

`adj` 개정된, 변경된
revise `v` 개정하다, 수정하다

💡 recently **revised** procedures
최근 개정된 절차
a **revised** bill 개정된 법안

358 ★
solution
[səlúːʃən]

`n` (문제의) 해결책, 해답

💡 find a **solution** to a problem
문제의 해결 방법을 찾다

359 ★
suggestion
[səgdʒéstʃən]

`n` 제안, 암시
suggest `v` 제안하다

💡 make a **suggestion** 제안하다
have a **suggestion** for the report
보고서 대해 제안할 것이 있다

360 ★★★
verify
[vérəfài]

`v` 증명하다, 확인하다
verification `n` 확인, 증명

💡 **verify** the information 정보를 확인하다
verify the sales figures
판매액을 확인하다

Bonus VOCA

☐ **alike** [əláik]	adv. 비슷하게 adj. 비슷한
☐ **approve a proposal**	기획안을 승인하다
☐ **bid** [bíd]	n. 입찰 v. 입찰하다
☐ **bilateral** [bailǽtərəl]	adj. 쌍방의, 양당의
☐ **bureau** [bjúərou]	n. (관청의) 국
☐ **clarify** [klǽrəfài]	v. 명백히 하다
☐ **concession** [kənséʃən]	n. 양보, (당국의) 면허
☐ **concrete** [kánkriːt]	adj. 구체적인
☐ **confiscate** [kánfəskèit]	v. 압수하다
☐ **constitute** [kánstətjùːt]	v. 구성하다
☐ **contingent** [kəntíndʒənt]	adj. 불확실한, 우연한
☐ **defy** [difái]	v. 무시하다
☐ **deputy** [dépjuti]	n. 대리인
☐ **dignitary** [dígnətèri]	n. 고위 인사, 고관
☐ **disapprove** [dìsəprúːv]	v. 반대하다
☐ **exclude** [iksklúːd]	v. 제외하다, 배제하다
☐ **federal** [fédərəl]	adj. 연방정부의
☐ **independent** [ìndipéndənt]	adj. 독립의, 독자적인
☐ **institute** [ínstətjùːt]	v. (제도 등을) 만들다, 확립하다 n. 협회, 연구소, 기관
☐ **institution** [ìnstətjúːʃən]	n. 기관, 제도
☐ **invalid** [invǽlid]	adj. 실효성이 없는, 무효인

☐ **lax** [lǽks]	adj. 엄하지 않은, 태만한
☐ **ministry** [mínəstri]	n. (정부의) 부서
☐ **mitigate** [mítəgèit]	v. 완화하다, 가라앉히다
☐ **moderator** [mádərèitər]	n. 조정자
☐ **modification** [màdəfikéiʃən]	n. 변경, 수정
☐ **municipal** [mjunísəpəl]	adj. 지방 자치제의
☐ **nationalize** [nǽʃənəlàiz]	v. 국영화하다
☐ **patent** [pǽtnt]	n. 특허권, 특허품 v. 특허를 얻다
☐ **private[public] ownership**	사유[공유]
☐ **provincial** [prəvínʃəl]	adj. 지방의
☐ **raise expenditure**	지출을 늘리다
☐ **register** [rédʒistər]	v. 등록하다
☐ **relevant** [réləvənt]	adj. 관련된, 적절한
☐ **representative** [rèprizéntətiv]	n. 대표자, 판매 대리인 adj. 대표하는, 대리의
☐ **retroactive** [rètrouǽktiv]	adj. (효력이) 소급하는
☐ **subsidize** [sʌ́bsidàiz]	v. 보조금을 주다
☐ **take steps**	조치를 취하다
☐ **unauthorized** [ʌnɔ́ːθəraizd]	adj. 허가받지 않은
☐ **under control**	관리하에 있는
☐ **undertake a task**	일을 맡다
☐ **valid** [vǽlid]	adj. 타당한

Daily TEST

보기 속 단어의 의미를 알고 있는지 확인하고, 빈칸에 적절한 단어를 고르세요.

ⓐ adopted ☐ ⓑ annexed ☐ ⓒ authorized ☐
ⓓ designated ☐ ⓔ entitled ☐ ⓕ grants ☐
ⓖ impose ☐ ⓗ measure ☐ ⓘ unconventional ☐
ⓙ verify ☐

1 After paying Social Security taxes for 30 years, you are
_____ to receive benefits.

2 California lawmakers _____ traffic laws similar to
those in Nebraska and Georgia.

3 Only those with a proper license are _____ to carry
weapons.

4 The amendment to the law _____ additional rights
to illegal immigrants working in the country.

5 The city _____ new sections of land to increase its
tax base and extend services.

6 The governor _____ a long-time friend to serve as
his chief aid.

7 The new mayor is using Facebook and other _____
methods to communicate with citizens.

8 The president wants to _____ new penalties on
those who sell drugs to minors.

9 The study should _____ the effects of recent
changes in health care policies.

10 To receive a library card, you need to first _____
your current address.

1. ⓔ 2. ⓐ 3. ⓒ 4. ⓕ 5. ⓑ 6. ⓓ 7. ⓘ 8. ⓖ 9. ⓗ 10. ⓙ

Day

10

정치

나만이 세상을 바꿀 수 있다는 꿈

Politics

QR코드로 영미 발음을 확인하세요.

---

361 ★★★
aggravate
[ǽgrəvèit]

ⓥ 화나게 하다, 악화시키다

aggravation ⓝ 악화(시킴)

💡 **aggravate** the situation
사태를 악화시키다

---

362 ★
agreement
[əgrí:mənt]

ⓝ 일치, 합의, 협정

agree ⓥ 동의하다, 의견이 일치하다

agreeably `adv` 흔쾌히

💡 come to[reach] an **agreement**
합의에 도달하다

a new trade **agreement** with
Japan 일본과의 새로운 무역 협정

---

363 ★★★
alliance
[əláiəns]

ⓝ 동맹, 결연

💡 establish an **alliance** with another
nation 다른 나라와 동맹 관계를 맺다

---

364 ★★
alter
[ɔ́:ltər]

ⓥ 고치다, 바꾸다

alteration ⓝ 변경, 개조

💡 **alter** the means of accessing
접근 방법을 변경하다

alter the length 길이를 수선하다

174

365 ★★★
arbitration
[ɑ̀ːrbitréiʃən]

- ⋒ 중재, 조정
- 💡 the political dispute under **arbitration** 중재 중인 정치적 분쟁

366 ★★
assert
[əsə́ːrt]

- ⓥ 단언하다, 주장하다
- assertion ⋒ 단언
- assertive adj 단정적인
- 💡 **assert** their rights[claims, liberties] 자신의 권리[요구, 자유]를 주장하다

367 ★★
assume
[əsúːm]

- ⓥ (임무, 역할을) 맡다, 사실이라고 보다
- assumption ⋒ (책임) 인수, 가정
- 💡 **assume** additional responsibilities 추가 업무를 맡다

368 ★
blame
[bléim]

- ⓥ 비난하다, 책임이 있다고 여기다
- ⋒ 비난
- 💡 be to **blame** for the damage 손해에 대한 책임이 있다
- **blame** the police for the accident 사고에 대해 경찰을 비난하다

369 ★★
comprehensive
[kàmprihénsiv]

`adj` 종합적인, 포괄적인

💡 a **comprehensive** benefits package 포괄적인 복리 후생 제도
comprehensive testing of a product 제품에 대한 종합적인 검사

---

370 ★★
confidence
[kánfidəns]

`n` 확신, 신임, 비밀

confident `adj` 확신하는, 대담한

💡 lose **confidence** in the current system 현재의 시스템에 신뢰를 잃다

---

371 ★★
convince
[kənvíns]

`v` 설득하다, 납득시키다

conviction `n` 확신, 유죄 판결
convincing `adj` 설득력 있는
convinced `adj` 확신을 가진

💡 **convince** the public of his innocence
대중에게 자신의 결백을 납득시키다
convincing proof 설득력 있는 증거

---

372 ★
debate
[dibéit]

`n` 토론, 논쟁
`v` 토론하다, 논쟁하다

💡 **debate** on the health care system
건강 보험 체제에 대한 논쟁

373 ★★★
deterrent
[ditə́:rənt]

ⓝ 제지하는 것
deter ⓥ 그만두게 하다

💡a nuclear **deterrent** 핵 억지력
a **deterrent** effect 전쟁 억지 효과

374 ★
differ
[dífər]

ⓥ 다르다, 의견을 달리하다

💡considerably[greatly, widely] **differ**
from each other 서로 매우 다르다

375 ★
disagree
[dìsəgrí:]

ⓥ 일치하지 않다
disagreement ⓝ 불일치
disagreeable adj 불쾌한

💡**disagree** with the party leaders
당 수뇌부와 의견이 다르다
have a **disagreement** over money
돈 문제에 대하여 의견이 일치하지 않다

376 ★
discourage
[diskə́:ridʒ]

ⓥ 방해하다, 억제하다, 낙담시키다
discouragement ⓝ 낙담

💡**discouraged** at the news
소식에 낙담한
discourage imports 수입을 억제하다

377 ★★
disturbing
[distə́:*r*biŋ]

adj 방해가 되는, 교란시키는
disturb ⓥ 방해하다, 불안하게 만들다

💡 a profoundly **disturbing** book
대단히 불온한 서적
disturb the peace 치안을 어지럽히다

---

378 ★★★
eradicate
[irǽdəkèit]

ⓥ 근절하다, 뿌리 뽑다

💡 **eradicate** corruption 부패를 뿌리 뽑다
eradicate illiteracy 문맹을 퇴치하다

---

379 ★★
exploit
[iksplɔ́it]

ⓥ (부당하게) 이용하다, (토지 등을) 개발하다
exploitation ⓥ (노동력) 착취, 개발

💡 **exploit** the workers 노동자를 착취하다
exploit the rainforests
열대우림을 개발하다

---

380 ★★★
invoke
[invóuk]

ⓥ (법, 규칙 등을) 들먹이다, (이론 등을) 언급
하다, (감정 등을) 불러일으키다

💡 often **invoked** in times of trouble
위기 때마다 종종 들먹이는

381 ★★
liable
[láiəbl]

`adj` 책임져야 할, ~하기 쉬운

liability `n` 책임 `p` 부채, 채무

💡 **liable** for her remarks
자신의 말에 대한 책임이 있는

liable to catch a cold
감기에 걸리기 쉬운

382 ★
official
[əfíʃəl]

`adj` 공식적인

`n` 간부, 공무원

officially `adv` 공식적으로

💡 **official** arrangement 공식적인 합의
on **official** business 공적인 업무로

383 ★★
persuasive
[pərswéisiv]

`adj` 설득력 있는

persuade `v` 설득하다

persuasion `n` 설득

💡 a **persuasive** argument[evidence]
설득력 있는 주장[증거]

384 ★
purpose
[pə́ːrpəs]

`n` 목적, 의도

💡 the **purpose** of the visit 방문의 목적
on **purpose** 고의로, 일부러

385 ★
question
[kwéstʃən]

- n 질문, 문제
- v 이의를 제기하다, 질문하다
- questionless adj 의심 없는, 명백한

💡 raise a **question** 문제를 제기하다
beyond **question**[doubt, dispute]
의심할[논란의] 여지없이

---

386 ★
reliable
[riláiəbl]

- adj 믿을 만한, 신뢰할 수 있는
- rely v 의지하다, 신뢰하다

💡 **reliable** sources 믿을 만한 소식통
a **reliable** indicator of the future
미래의 확실한 지표

---

387 ★★★
reluctant
[rilʌ́ktənt]

- adj 내키지 않는, 꺼리는
- reluctantly adv 주저하며

💡 very **reluctant** to admit the truth
마지못해 겨우 사실을 인정하는

---

388 ★★
reputation
[rèpjutéiʃən]

- n 평판, 명성
- repute v ~라고 평하다
- reputable adj 평판이 좋은

💡 have a **reputation** 명성이 있다
reputable company 평판이 좋은 회사

389 ★★★
resistance
[rizístəns]

ⓝ 반대, 저항(력)
resist ⓥ 반대하다, 견디다
resistant adj 반대하는, 저항하는

💡 **resistance** to the new law
새로운 법에 대한 반대
high temperature **resistance**
고온 저항력

---

390 ★★
resolve
[rizálv]

ⓥ 해결하다, 풀다
resolution ⓝ 해결, 결심
resolute adj 단호한

💡 **resolve** the matter efficiently
문제를 효율적으로 해결하다
make a **resolution** 결심하다

---

391 ★
rigid
[rídʒid]

adj 완고한, 엄격한, 단단한
rigidity ⓝ 엄격, 강도
rigidly adv 완고하게, 엄격하게

💡 follow **rigid** rules 엄격한 규칙을 따르다

---

392 ★★★
stance
[stǽns]

ⓝ 입장, 태도

💡 **stance** on immigration
이민에 대한 입장
take a neutral **stance** on an issue
논점에 대해 중립적인 입장을 취하다

393 ★★
strengthen
[strénkθən]

🅥 강화하다, 강화되다
strength 🅝 힘, 장점

💡 **strengthen** economic ties
경제적 유대 관계를 강화하다

---

394 ★★
summit
[sámit]

🅝 정상 회담, (산의) 꼭대기

💡 hold a **summit** talk 정상 회담을 갖다

---

395 ★
tend
[ténd]

🅥 ~하는 경향이 있다, ~하기 쉽다

💡 **tend** to forget what happened
있었던 일을 잘 잊는 경향이 있다

---

396 ★★★
unanimous
[juːnǽnəməs]

adj 만장일치의, 동의하는
unanimously adv 만장일치로

💡 express their **unanimous** support
만장일치의 지지를 보이다
a **unanimous** decision
만장일치의 결정

397 ★

uncover

[ʌnkávər]

ⓥ 폭로하다, 뚜껑을 열다

💡 **uncover** her ill intentions
그녀의 나쁜 의도를 폭로하다

---

398 ★★

uphold

[ʌphóuld]

ⓥ (전통, 명성을) 유지하다, (결정, 판결을) 확정하다

💡 **uphold** a reputation 명성을 유지하다
uphold rules 규칙을 지키다

Day 10

정치

---

399 ★

urgent

[ə́ːrdʒənt]

adj 긴급한, 절박한

urgency ⓝ 긴급, 절박

💡 call on **urgent** business
긴급한 일로 전화하다

consider the issue a matter of **urgency** 긴급한 문제로 생각하다

---

400 ★★

wane

[wéin]

ⓥ 작아지다, 쇠약해지다

ⓝ 감소, 쇠퇴

💡 Communism on the **wane**
쇠약해지는 공산주의 체제

☐ **ambassador** [æmbǽsədər] n. 대사

☐ **amend the policy** 정책을 수정하다

☐ **amendment** [əméndmənt] n. 수정 (사항)

☐ **candidate** [kǽndidət] n. 지원자, 후보자

☐ **censure** [sénʃər] n. 견책, 불신임 v. 질책하다

☐ **constituency** n. 선거구, 유권자
  [kənstítʃuənsi]

☐ **corruption** [kərápʃən] n. 부정, 부패

☐ **council** [káunsəl] n. 이사회, 의회

☐ **deadlock** [dédlὰk] n. 교착 상태

☐ **defer** [difə́:r] v. 연기하다

☐ **denounce** [dináuns] v. 비난하다, 탄핵하다

☐ **descent** [disént] n. 내려오기, 몰락, 혈통

☐ **diplomatic** [dìpləmǽtik] adj. 외교상의

☐ **disorient** [disɔ́:riènt] v. 혼란시키다

☐ **election** [ilékʃən] n. 선거

☐ **encompass** [inkʌ́mpəs] v. 포위하다, 둘러싸다

☐ **entail** [intéil] v. 수반하다

☐ **evoke** [ivóuk] v. (감정, 기억을) 일깨우다

☐ **execution** [èksəkjú:ʃən] n. 실행, 집행

☐ **fortify** [fɔ́:rtəfὰi] v. 보강하다

☐ **govern** [gʌ́vərn] v. 통치하다, 지배하다

☐ **hostility** [hɑstíləti] n. 적개심

☐ **impede** [impíːd]	v. 훼방놓다, 지연시키다
☐ **parliament** [páːrləmənt]	n. 의회, 국회
☐ **political perspective**	정치적 관점
☐ **politician** [pὰlətíʃən]	n. 정치인
☐ **proponent** [prəpóunənt]	n. 지지자, 옹호자
☐ **protocol** [próutəkɔ̀ːl]	n. 의정서
☐ **provoke** [prəvóuk]	v. (사태를) 유발하다, 화나게 하다
☐ **public opinion**	여론
☐ **reconcile** [rékənsàil]	v. 화해시키다, 양립시키다
☐ **reform** [rìːfɔ́ːrm]	n. 개혁, 개선
☐ **reinstate** [rìːinstéit]	v. 복직시키다
☐ **relation** [riléiʃən]	p. 이해관계, 교섭
☐ **resolution** [rèzəljúːʃən]	n. 결의(안), 결정
☐ **retaliation** [ritæliéiʃən]	n. 앙갚음
☐ **revolutionary** [rèvəlúːʃənèri]	adj. 혁명의, 대개혁의
☐ **spokesperson** [spóukspə̀ːrsn]	n. 대변인, 대표자
☐ **step down from**	~에서 사직하다, 은퇴하다
☐ **suppress** [səprés]	v. 억누르다, 금지하다
☐ **surrender** [səréndər]	v. 양도하다, 항복하다
☐ **tension** [ténʃən]	n. 긴장 (상황)
☐ **waive** [wéiv]	v. 포기하다, 철회하다

Daily TEST

보기 속 단어의 의미를 알고 있는지 확인하고, 빈칸에 적절한 단어를 고르세요.

1 At a(n) _____ convening next month, lawmakers will discuss global warming.

2 Her _____ on gun control isn't clear, but I like her opinions on education policy.

3 Several neighborhoods formed a(n) _____ to oppose the tax increase.

4 Sign this petition today to oppose the _____ of underpaid immigrant workers!

5 The candidate _____ local environmentalists by supporting the construction of a new Wal-Mart.

6 The challenge will be _____ voters to pay more for existing services.

7 The councilman has a strong _____ as a businessman, but not as a citizens' advocate.

8 The dispute is in _____, and both sides hope to reach an agreement next month.

9 The mayor wants to _____ homelessness in the city by 2018.

10 The proposed health care overhaul was met with strong _____ from conservatives.

1. ⓙ 2. ⓘ 3. ⓑ 4. ⓕ 5. ⓐ 6. ⓓ 7. ⓖ 8. ⓒ 9. ⓔ 10. ⓗ

경제

우리 같이 부자 되면 안 되나요?

Economy

401 ★★
accelerate
[əksélərèit]

ⓥ 촉진하다, 가속화하다
acceleration ⓝ 촉진, 가속

💡 **accelerate** economic growth
경제 성장을 촉진하다
accelerate the aging process
노화 과정을 촉진하다

---

402 ★★
alert
[ələ́:rt]

adj 주의하는
ⓝ 경보, 경계
ⓥ 경고하다

💡 stay **alert** 경계 태세를 취하다

---

403 ★
anticipate
[æntísəpèit]

ⓥ 예상하다, 기대하다
anticipation ⓝ 예상

💡 **anticipate** increased revenue
매출 증대를 기대하다
anticipate the worst 최악을 예상하다

---

404 ★
boom
[bú:m]

ⓝ 급격한 증가, 갑작스러운 인기
ⓥ 번창하다

💡 fuel the housing **boom**
부동산 활성화에 기름을 붓다

405 ★★
boost
[búːst]

ⓝ 상승, 증가

ⓥ 증가시키다, 향상시키다

💡 a **boost** in prices 물가 상승
boost sales and profitability
판매량과 수익성을 향상시키다

406 ★
continuous
[kəntínjuəs]

adj 계속되는, 지속적인

continue ⓥ 계속되다

💡 **continuous** improvements in technology 기술의 지속적인 발전
continue the research 계속 연구하다

407 ★★
currency
[kə́ːrənsi]

ⓝ 화폐, 통화

💡 **currency** exchange 환전

408 ★
decline
[dikláin]

ⓝ 감소, 하락

ⓥ 줄어들다, (초대, 신청을) 거절하다

💡 a **decline** in consumption 소비 하락
decline an invitation 초대를 거절하다

409 *
demand
[dimǽnd]

- ⓝ 수요, 요구
- ⓥ 요구하다
- 💡 on **demand** 요구(수요)가 있는 즉시
  meet the **demand** 요구를 충족시키다

---

410 **
depression
[dipréʃən]

- ⓝ 불경기
- 💡 an economic **depression** 경기 침체
  during the Great **Depression**
  세계 대공황 중에

---

411 ***
descending
[diséndiŋ]

- adj 내려가는, 하향의
- 💡 in ascending or **descending** order
  오름차순 또는 내림차순으로

---

412 **
dominant
[dámənənt]

- adj 지배적인, 우세한
- dominate ⓥ 지배하다, 우위를 차지하다
- 💡 the **dominant** opinion 우세한 의견
  dominate the domestic market
  국내 시장을 점령하다

413 ★

downturn
[dáuntə̀ːrn]

ⓝ 침체, 감소

💡 recover from the recent economic
downturn 최근 경기 침체에서 회복하다
a sharp **downturn** 급격한 하락

---

414 ★

economical
[ìːkənámikəl]

adj 경제적인, 절약하는
economy ⓝ 경제, 절약
economics ⓝ 경제학

💡 the most **economical** prices
가장 경제적인 가격
a strong **economy** 튼튼한 경제
experience in international
economics 국제 경제학 분야의 경력

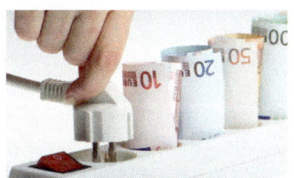

---

415 ★★

exceed
[iksíːd]

ⓥ 초과하다, 지나치다

💡 **exceed** expectations 기대 이상이다

---

416 ★

exchange
[ikstʃéindʒ]

ⓝ 환전, 교환(물)
ⓥ 교환하다, 바꾸다

💡 extreme fluctuations in the
exchange rate 환율의 급격한 변동
in **exchange** for cash 현금으로 바꾸어

417 **

flourish

[fláːriʃ]

ⓥ 전성기에 있다, 번창하다

💡 **flourish** in the new business
새 사업이 번창하다

---

418 ***

fluctuation

[flʌ̀ktʃuéiʃən]

ⓝ 변동

fluctuate ⓥ 변동하다

💡 a **fluctuation** in prices 물가의 변동
a **fluctuation** of the stock market
주식 시장의 변동

---

419 *

foremost

[fɔ́ːrmòust]

adj 선두의, 으뜸가는

💡 the **foremost** manufacturer
선두 제조업체

---

420 **

inflation

[infléiʃən]

ⓝ 물가 상승, 통화 팽창

💡 lead to **inflation** 물가 상승을 초래하다
double-digit **inflation**
두 자릿수의 물가 상승률

421 ★★
intervention
[ìntərvénʃən]

Ⓝ 개입, 간섭
intervene Ⓥ 개입하다

💡 government **intervention** 정부 개입
intervention in another country
타국에 대한 간섭

422 ★
lower
[lóuər]

Ⓥ (양, 가격을) 줄이다, 떨어뜨리다
adj 하급의, 아래쪽의

💡 **lower** taxes 세금을 낮추다
the **lower** class 하층 계급
a **lower** court 하급 법원

423 ★
optimistic
[ὰptəmístik]

adj 낙관적인
optimism Ⓝ 낙관론

💡 **optimistic** about the outcome
결과에 대해 낙관하는

424 ★★★
plummet
[plʌ́mit]

Ⓥ 급락하다

💡 **plummeting** videogame sales
급락한 비디오 게임 판매

425 ★★
propel
[prəpél]

Ⓥ 나아가게 하다, 몰아가다

💡 **propel** inflation for the fourth quarter 4분기에 인플레이션으로 치닫다

426 ★★
prosper
[práspər]

Ⓥ 번영하다, 성공하다

prosperity Ⓝ (재정적인) 번영

💡 **prosper** in business 사업에서 성공하다

427 ★★
rebound
Ⓝ[rí:bàund]
Ⓥ[ribáund]

Ⓝ 회복, 만회

Ⓥ (가격이) 반등하다, (좌절, 실패에서) 다시 일어서다

💡 an economic **rebound** 경제 회복

428 ★★★
recession
[riséʃən]

Ⓝ 불경기, 경기 후퇴

💡 a long and difficult **recession** 길고 힘든 불경기

429 ★
recovery
[rikΛvəri]

ⓝ (경기의) 회복, (건강의) 회복, 복구
recover ⓥ 회복되다, 되찾다

💡 economic **recovery** 경기 회복
long-term **recovery** 장기 회복

430 ★★
setback
[sétbæk]

ⓝ 좌절, 차질, 퇴보

💡 suffer a **setback** 좌절을 겪다
overcome a **setback** 좌절을 극복하다

431 ★★★
sluggish
[slΛgiʃ]

adj 부진한, 느린

💡 a **sluggish** economy 침체된 경제
remain **sluggish** 침체에 빠져 있다

432 ★★
stable
[stéibl]

adj 안정적인
stability ⓝ 안정성
stabilize ⓥ 안정되다, 안정시키다

💡 establish a **stable** economy
경제를 안정시키다
sufficiently **stable** to pass
inspection
검사를 통과할 만큼 충분히 안정성 있는

433 ★★★

stagnation
[stægnéiʃən]

🅝 불경기, 경기 침체

stagnant `adj` 활발하지 못한

💡 enter a period of **stagnation**
경기 침체기로 접어들다

---

434 ★

statistics
[stətístiks]

🅝 통계, 통계학, 통계치

statistical `adj` 통계의

💡 include descriptive **statistics**
잘 설명된 통계 자료를 포함하다

---

435 ★★

steady
[stédi]

`adj` 꾸준한, 안정된

steadily `adv` 꾸준히, 점차

💡 a potential for **steady** growth
꾸준한 성장을 위한 잠재력

establish a **steady** customer base
꾸준한 고객층을 형성하다

---

436 ★★

surge
[sɔ́ːrdʒ]

🅝 급등

🅥 (물가가) 급등하다

💡 a **surge** in demand 수요의 급등

437 ★★
thrive
[θráiv]

ⓥ 번영하다, 성공하다

💡 **thrive** under pressure
압박을 받는 상황에서 성공하다
continue to **thrive** 성공 가도를 달리다

438 ★
uncertain
[ʌnsə́ːrtn]

adj 불확실한, 모호한

uncertainly adv 불확실하게

💡 **uncertain** times 불확실한 시기
uncertain about the future
미래에 대해 확신을 갖지 못하는

439 ★
value
[vǽljuː]

ⓝ 가치, 가격, 대가
ⓥ 평가하다

💡 a drop[rise] in **value** 가치 하락[상승]
the market[currency] **value**
시장[환율] 가치

440 ★★
variable
[vέəriəbl]

adj 변동이 심한

💡 a **variable** (interest) rate 변동 금리

☐ **abate** [əbéit]   v. 약화시키다

☐ **blueprint** [blú:prìnt]   n. 청사진, 계획

☐ **depreciation** [diprì:ʃiéiʃən] n. 가격의 저하

☐ **downfall** [dáunfɔ̀:l]   n. 몰락

☐ **economic growth**   경제 성장

☐ **economic policy**   경제 정책

☐ **enormous** [inɔ́:rməs]   adj. 막대한, 엄청난

☐ **foreign exchange holdings** 외환 보유고

☐ **foreseeable** [fɔːrsíːəbl]   adj. 예측할 수 있는

☐ **found** [fáund]   v. 설립하다

☐ **gradual** [grǽdʒuəl]   adj. 점차적인, 단계적인

☐ **gross** [gróus]   n. 총계 adj. 총계의

☐ **growth[interest] rate**   성장률[이자율]

☐ **inactive** [inǽktiv]   adj. 활동하지 않는, 활발하지 않은

☐ **infrastructure**   n. 사회 기반 시설, 경제 기반 시설
   [ínfrəstrλ̀ktʃər]

☐ **low-income**   저소득의

☐ **macroeconomy**   n. 거시 경제
   [mæ̀krouikánəmi]

☐ **markdown** [má:rkdàun] n. 가격 인하

☐ **market value**   시가, 시세

☐ **marketplace**   n. 시장
   [má:rkitplèis]

☐ **overheat** [òuvərhíːt]   v. 과열되다, 과열시키다

☐ **overview** [óuvərvjùː]	n. 개요, 설명
☐ **panic** [pǽnik]	n. 공황, 당황
☐ **peak** [píːk]	n. 절정, 최고점
☐ **pitfall** [pítfɔ̀ːl]	n. (눈에 잘 안 띄는) 위험
☐ **rate** [réit]	n. 요금, 비율 v. 평가하다, 평가되다
☐ **rational decision**	합리적 결정
☐ **result** [rizʌ́lt]	n. 결과 v. (~의 결과가) 되다
☐ **rough** [rʌ́f]	adj. 힘든
☐ **salient** [séiliənt]	adj. 주목할 만한
☐ **skyrocket** [skáiràkit]	v. (가격 등이) 치솟다
☐ **slowdown** [slóudàun]	n. 경기 후퇴
☐ **soar** [sɔ́ːr]	v. (가치가) 높이 솟다
☐ **successful transition**	성공적인 전환
☐ **synergy** [sínərdʒi]	n. 상승효과
☐ **thrifty** [θrífti]	adj. 절약하는
☐ **tremendous** [triméndəs]	adj. 엄청난, 굉장한
☐ **underestimate** [ʌ̀ndəréstəmeit]	v. 과소평가하다
☐ **undergo a period of rapid expansion**	급속한 발전 시기를 겪다
☐ **unemployment** [ʌ̀nimplɔ́imənt]	n. 실업
☐ **up-and-down**	오르내리는, 기복이 있는
☐ **upbeat** [ʌ́pbìːt]	adj. 낙관적인

Day 11

경제

Daily TEST

보기 속 단어의 의미를 알고 있는지 확인하고, 빈칸에 적절한 단어를 고르세요.

ⓐ anticipate ☐	ⓑ currency ☐	ⓒ dominates ☐
ⓓ economical ☐	ⓔ fluctuations ☐	ⓕ plummeted ☐
ⓖ prosper ☐	ⓗ recession ☐	ⓘ sluggish ☐
ⓙ stabilize ☐		

1 America's economy _____ the globe, and a recession there could spark a downslide worldwide.

2 It's difficult to _____ how high-risk investments will perform in the market.

3 Millions of people hope to see the economy _____ in time for the new year.

4 Tax breaks for food companies have helped them _____ during difficult times.

5 The company's new vehicle line includes a variety of small, _____, fuel-efficient cars.

6 _____ exchange rates have risen and fallen repeatedly over the past three months.

7 The Japanese yen _____ today after the news of the devastating earthquake and tsunami there.

8 The stock market has shown growth in the past week, but improvements have been _____.

9 _____ in prices have made consumers weary of shopping this holiday season.

10 This _____ has left many people unemployed and unable to pay their mortgages.

1. ⓒ   2. ⓐ   3. ⓙ   4. ⓖ   5. ⓓ   6. ⓑ   7. ⓕ   8. ⓘ   9. ⓔ   10. ⓗ

Day 12

미디어 · 출판

비껴갈 수 없는 정보의 흐름

Media & Publishing

441 ★★★
anonymous
[ənánəməs]

`adj` 익명의

anonymously `adv` 익명으로

💡 remain **anonymous** 익명으로 남다

an **anonymous** donor[benefactor]
익명의 기증재[후원자]

442 ★
argument
[á:rgjumənt]

`n` 주장, 논쟁

argue `v` 주장하다

arguable `adj` 논쟁의 여지가 있는

💡 without **argument** 이의 없이

have an **argument** 논쟁하다

443 ★★
article
[á:rtikl]

`n` (신문, 잡지의) 기사, 물품

💡 an interesting **article** on
vegetarianism 채식에 대한 흥미로운 기사

444 ★
comment
[kámentː]

`n` 비평, 의견

`v` 논평하다

💡 a favorable **comment** 호평

comment on the issue
문제에 대해 언급하다

445 ★
conclusion
[kənklúːʒən]

ⓝ 결론
conclude ⓥ 결론을 내리다
conclusive adj 결정적인

💡 come to[reach] a **conclusion**
결론에 이르다
conclusive proof 결정적 증거

---

446 ★★
constructive
[kənstrʌ́ktiv]

adj 건설적인
construct ⓥ 건설하다, 구성하다
constructively adv 건설적으로

💡 a **constructive** critique 건설적 비평
a beautifully **constructed** novel
구성이 멋진 소설

---

447 ★★★
controversial
[kɑ̀ntrəvə́ːrʃəl]

adj 논란이 되는
controversy ⓝ 논란

💡 in a **controversial** time
논란이 되는 시점에

---

448 ★
description
[diskrípʃən]

ⓝ 설명, 묘사
describe ⓥ 말로 설명하다, 묘사하다

💡 a detailed **description** 상세한 묘사
a job **description** 업무 설명
describe vividly 생생하게 묘사하다

449 ★★
disclose
[disklóuz]

ⓥ 공개하다, 드러내다

💡 **disclose** a secret 비밀을 폭로하다
disclose the details 세부 사항을 밝히다

---

450 ★★
distribute
[distríbjuːt]

ⓥ 나누어주다, 퍼트리다

💡 **distribute** leaflets to the spectators
관중들에게 전단지를 나누어주다

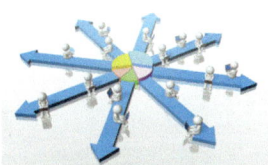

---

451 ★
edition
[idíʃən]

ⓝ (간행물의) 판

edit ⓥ 편집하다, 교정하다

💡 a limited **edition** 한정판
a revised **edition** 개정판

---

452 ★★
emphasis
[émfəsis]

ⓝ 강조, 중점

emphasize ⓥ 강조하다

emphatic **adj** 단호한, 확실한

💡 place[put] an **emphasis** on health
건강을 강조하다
with **emphasis** 강조하여

453 ★★★
exaggerate
[iɡzǽdʒərèit]

ⓥ 과장하다

exaggeration ⓝ 과장

💡 **exaggerate** the facts 사실을 과장하다
an editorial without **exaggeration**
과장이 없는 사설

454 ★★
extract
ⓥ[ikstrǽkt]
ⓝ[ékstrækt]

ⓥ 추출하다, 발췌하다
ⓝ 발췌

extraction ⓝ 추출, 발췌

💡 **extracted** from his new book
그의 새 책에서 발췌된

455 ★★
feature
[fíːtʃər]

ⓥ 특색으로 삼다, 특징을 이루다
ⓝ 특징, 특색

💡 **feature** diet programs
다이어트 프로그램을 다루다
a distinctive **feature** 구별되는 특징

456 ★★★
imply
[implái]

ⓥ 암시하다, 포함하다

implication ⓝ 영향, 암시

💡 **imply** criticism 비난을 암시하다
by **implication** 함축적으로

457 ★★
indicate
[índəkèit]

ⓥ 나타내다, 암시하다
indication ⓝ 지시, 징조
indicator ⓝ 지표
indicative [adj] 나타내는

💡 **indicate** clearly the level
수준을 분명히 나타내다
a reliable **indicator** 믿을 수 있는 지표

---

458 ★★
insight
[ínsàit]

ⓝ 식견, 통찰력

💡 keen **insight** 날카로운 통찰력
have an **insight** 꿰뚫어 보다

---

459 ★★
issue
[íʃuː]

ⓥ 발표하다, 발급하다
ⓝ 판, 호, 문제
issuer ⓝ 발행자, 발행인

💡 **issue** a new report
새 보고서를 발표하다
the current **issue** 최신 호

---

460 ★
omit
[oumít]

ⓥ 생략하다, 빠뜨리다
omission ⓝ 생략, 누락

💡 **omit** incidental details
부가적인 세부 사항을 생략하다
without **omission** 빠짐없이

461 ★★
periodical
[pìəriɑ́dikəl]

ⓝ 정기 간행물, 잡지

adj 정기적인

period ⓝ 기간

periodic adj 정기적인

💡 subscribe to a **periodical**
정기 간행물을 구독하다
periodical safety inspections
정기 안전 검사

462 ★★
perspective
[pərspéktiv]

ⓝ 견해, 관점

💡 from a different **perspective**
다른 관점에서
in **perspective** 긴 안목에서

463 ★
poll
[póul]

ⓝ 조사, 투표

💡 according to the recent **poll**
최근 여론 조사에 의하면

464 ★
praise
[préiz]

ⓝ 칭찬

ⓥ 칭찬하다

💡 insincere **praise** 아첨
praise strongly[highly] 크게 칭찬하다

465 ★
press
[prés]

ⓝ 보도 기관, 언론계

ⓥ 누르다

pressure ⓥ 압력을 가하다　ⓝ 압박

💡hold a **press** conference
기자 회견을 갖다
pressed for time 시간에 쫓기는

466 ★★★
prevalent
[prévələnt]

adj 널리 퍼진, 일반적인

prevalence ⓝ 확산

💡a **prevalent** view 일반적인 견해
a **prevalent** problem 비일비재한 문제

467 ★★
publication
[pʌ̀bləkéiʃən]

ⓝ 출판(물), 발표

publish ⓥ 출판하다

publisher ⓝ 출판사, 발행자

💡an official **publication** 공식 간행물
selected for **publication**
출판용으로 선택된

468 ★★
publicity
[pʌblísəti]

ⓝ 널리 알려짐, 광고

publicize ⓥ 공표하다, 광고하다

public adj 공공의

💡a **publicity** campaign 홍보 활동
gain[get, receive] **publicity**
명성을 얻다, 평판이 나다

469 ★★★
refer
[rifə́ːr]

Ⓥ 참조하다, 언급하다
reference Ⓝ 참조, 참고, 추천서

💡 **refer** to a dictionary 사전을 참조하다
reference books 참고서

---

470 ★★
release
[rilíːs]

Ⓝ 발표, 출시
Ⓥ 공개[발표]하다, (영화를) 개봉하다

💡 a press **release** 대언론 공식 발표
release medical records
의료 기록을 공개하다

---

471 ★
remark
[rimáːrk]

Ⓝ 의견, 비평
Ⓥ 말하다, ~에 주목하다

💡 make a **remark** 말하다
remark on the subject
주제에 대해 의견을 말하다

---

472 ★★
renew
[rinjúː]

Ⓥ 갱신하다, 재건하다
renewal Ⓝ 갱신, 재개발
renewable adj 갱신할 수 있는

💡 **renew** the subscription
구독을 연장하다
renew a driver's license
운전면허증을 갱신하다

473 ★
respond
[rispánd]

ⓥ 반응하다, 응답하다
respondent ⓝ (설문 조사의) 응답자
response ⓝ 응답, 반응
responsive **adj** ~에 반응하는

💡 **respond** to a questionnaire
설문지를 작성하다
60% of **respondents** 응답자의 60%

---

474 ★
review
[rivjúː]

ⓝ 재검토, 논평
ⓥ 재검토하다, 비평하다

💡 under **review** 검토 중인
review the attached file
첨부된 파일을 검토하다

---

475 ★★
subscribe
[səbskráib]

ⓥ 정기 구독하다
subscription ⓝ 구독
subscriber ⓝ 구독자

💡 **subscribe** to a magazine
잡지를 정기 구독하다

---

476 ★★
summarize
[sʌ́məràiz]

ⓥ 요약하다, 개괄하다
summary ⓝ 요약

💡 **summarize** the current state of
research 연구 현황을 요약하다
a **summary** of the book 책의 요약

477 ★
survey
ⓝ[sə́:rvei]
ⓥ[sərvéi]

ⓝ 설문 조사
ⓥ 조사하다

💡 reveal the **survey** results
설문 조사 결과를 발표하다
complete the enclosed **survey**
동봉된 설문 조사를 작성하다

---

478 ★★★
unbiased
[ʌnbáiəst]

adj 선입견 없는, 공평한

💡 **unbiased** advice 편견 없는 조언
an **unbiased** administration
공정한 관리

---

479 ★★★
vague
[véig]

adj 막연한, 모호한

💡 a **vague** answer 애매한 대답
vague instructions 모호한 설명

---

480 ★
written
[rítn]

adj 씌어진, 문어의
handwritten adj 손으로 쓴

💡 in a **written** statement
서면으로 된 성명서
good verbal and **written** skills
뛰어난 언변과 문서 작성 기술

☐ **abbreviation** [əbrìːviéiʃən] n. 생략, 단축

☐ **acclaim** [əkléim]   v. 칭송하다 n. 찬사, 호평

☐ **annotated** [ǽnətèitid]   adj. (책 등에) 주석이 달린

☐ **apprise** [əpráiz]   v. 알리다

☐ **author** [ɔ́ːθər]   n. 저자

☐ **biography** [baiágrəfi]   n. 전기, 일대기

☐ **censorship** [sénsərʃìp]   n. 검열 제도

☐ **clout** [kláut]   n. 영향력 v. 세게 때리다

☐ **coherent** [kouhíərənt]   adj. 논리 정연한

☐ **communicate**   v. 의사소통하다
   [kəmjúːnəkèit]

☐ **compilation** [kàmpəléiʃən] n. 편집(물)

☐ **copyright** [kápiràit]   n. 저작권

☐ **distort** [distɔ́ːrt]   v. 왜곡하다

☐ **distract** [distrǽkt]   v. (주의를) 흩뜨리다, 딴 데로 돌리다

☐ **endorse** [indɔ́ːrs]   v. 지지하다, 격찬하다

☐ **exemplify** [igzémpləfài]   v. 예증하다, 좋은 예가 되다

☐ **fabricate** [fǽbrikèit]   v. 조작하다

☐ **headline** [hédlàin]   n. 기사 제목

☐ **inconsistency**   n. 모순
   [ìnkənsístənsi]

☐ **insinuate** [insínjuèit]   v. 넌지시 말하다

☐ **journal** [dʒə́ːrnl]   n. 잡지, 일지

□ **legible** [lédʒəbl]	adj. (글씨, 인쇄가) 읽기 쉬운
□ **lucid** [lúːsid]	adj. 명쾌한
□ **malign** [məláin]	v. 비방하다 adj. 해로운
□ **mechanism** [mékənìzm]	n. 기계 장치, 방법, 절차
□ **memoir** [mémwɑːr]	p. 회상, 회고록
□ **mention** [ménʃən]	v. 언급하다 n. 언급
□ **newsstand** [njúːzstænd]	n. 신문 가판대
□ **noted** [nóutid]	adj. 유명한, 주목할 만한
□ **obituary** [oubítʃuèri]	n. 부고, 사망 기사
□ **out of print**	adj. 절판된
□ **press conference**	기자 회견
□ **prophet** [práfit]	n. 예언자, 선도자
□ **reflective** [rifléktiv]	adj. 반영하는, 반사하는
□ **refute** [rifjúːt]	v. 논박하다
□ **reveal** [rivíːl]	v. 밝히다, 누설하다
□ **source** [sɔ́ːrs]	n. 출처, 소식통, 원천
□ **speculation** [spèkjuléiʃən]	n. 추측, 소문
□ **standpoint** [stǽndpɔ̀int]	n. 관점, 입장
□ **subsequent** [sʌ́bsikwənt]	adj. 그다음의
□ **tone** [tóun]	n. 어조
□ **transcript** [trǽnskript]	n. (연설 등의) 의사록, 사본
□ **translation** [trænsléiʃən]	n. 번역, 해석
□ **unwavering** [ʌ̀nwéivəriŋ]	adj. 확고한, 동요하지 않는

Daily TEST

보기 속 단어의 의미를 알고 있는지 확인하고, 빈칸에 적절한 단어를 고르세요.

ⓐ controversial ☐   ⓑ disclose ☐   ⓒ distributed ☐
ⓓ emphasized ☐   ⓔ exaggerate ☐   ⓕ issue ☐
ⓖ release ☐   ⓗ remarks ☐   ⓘ subscribe ☐
ⓙ unbiased ☐

1   Media outlets tend to _____ the danger of hurricanes in order to gain more viewers.

2   Next week's _____ will focus on technology in sports and fitness.

3   Reporters must present information in a(n) _____ way in order to maintain fairness.

4   The editorial was so _____ that the writer received more than 500 letters.

5   The mayor's _____ will be published on the newspaper's website in a few hours.

6   The newspaper is _____ to 200,000 people in 14 cities daily.

7   _____ online to receive daily delivery and a 10% discount.

8   The police officer will not _____ the location of the latest murder.

9   The publishing house will _____ its new series of novels later this year.

10   The top story _____ the facility's cost rather than its function.

---

1. ⓔ   2. ⓕ   3. ⓙ   4. ⓐ   5. ⓗ   6. ⓒ   7. ⓘ   8. ⓑ   9. ⓖ   10. ⓓ

Day

13

산업

생산에서 서비스까지,
인간의 생산 활동

Industry

481 ★★
accompany
[əkʌ́mpəni]

ⓥ 수반하다, 동행하다

accompaniment ⓝ 부속물, (노래 등의) 반주

💡 **accompany** unemployment
실업을 동반하다

---

482 ★
accustomed
[əkʌ́stəmd]

adj 익숙한, 습관이 된

💡 **accustomed** to the factory noise
공장의 소음에 익숙한

---

483 ★★★
adhere
[ædhíər]

ⓥ 고수하다, 지키다, 부착되다

adherence ⓝ 고수, 충실

adherent ⓝ 지지자

adhesive ⓝ 접착제

💡 **adhere** to safety regulations
안전 규정을 따르다

properly **adhere** to the wall
벽에 잘 붙다

---

484 ★★
ban
[bǽn]

ⓝ 금지, 반대

ⓥ 금지하다

💡 a **ban** on smoking 흡연 금지

ban the use of all plastic bags
모든 비닐봉지 사용을 금지하다

485 ⭐
category
[kǽtəgɔ̀ːri]

🔵 범주, 부문
categorize 🔵 분류하다

💡 fall[fit] into a **category** 범주에 들어가다
the various **categories** of research
다양한 연구 분야

---

486 ⭐⭐⭐
claim
[kléim]

🔵 청구(액), 주장, 요구
🔵 주장하다, 요구하다

💡 file a **claim** 배상을 청구하다
claim responsibility 책임을 요구하다

---

487 ⭐⭐
collapse
[kəlǽps]

🔵 붕괴, 좌절
🔵 붕괴되다, 무너지다

💡 the **collapse** of negotiations
협상 결렬
lead to another economic
collapse 또 다른 경제 붕괴로 이어지다

Day 13

실업

---

488 ⭐
construction
[kənstrʌ́kʃən]

🔵 건설, 건축

💡 at the **construction** site
건설 현장에서
under **construction** 공사 중인

489 *

decrease
ⓥ [dikríːs]
ⓝ [díːkriːs]

ⓥ 줄이다, 감소하다
ⓝ 감소

💡 **decrease** expenditure 지출을 줄이다
a gradual[sharp] **decrease**
점진적인[급격한] 감소

---

490 **

demolish
[dimáliʃ]

ⓥ 파괴하다
demolition ⓝ 파괴

💡 **demolish** a building 건물을 철거하다
the **demolition** of the old bridge
오래된 다리의 철거

---

491 **

disrupt
[dìsrápt]

ⓥ 방해하다, 혼란스럽게 하다
disruption ⓝ 방해, 혼란, 중단
disruptive adj 방해하는

💡 without **disrupting** the flow of
money 자금의 흐름을 막지 않고서

---

492 *

downsize
[dàunsáiz]

ⓥ (인력, 규모를) 줄이다

💡 **downsize** the business
사업의 규모를 줄이다

493 ★★★
endeavor
[endévər]

ⓥ 노력하다, 애쓰다

ⓝ 노력

💡 **endeavor** to do their duty
의무를 다하려고 노력하다

make every **endeavor**
모든 노력을 다하다

---

494 ★
expect
[ikspékt]

ⓥ 예상하다, 기대하다

expectation ⓝ 예상, 기대

💡 **expect** growth in productivity
생산성 증가를 예상하다

beyond her **expectation**
그녀의 기대 이상으로

---

495 ★★
face
[féis]

ⓥ (문제 등에) 직면하다, 마주 보다

ⓝ 얼굴, 표면, 외관

💡 **face** budget cuts 예산 삭감에 직면하다

buildings **facing** each other
서로 마주 보고 있는 건물

Day 13

신업

---

496 ★★★
feasible
[fíːzəbl]

adj 실현 가능한

feasibility ⓝ 실현 가능성

💡 come up with a **feasible**
alternative 실현 가능한 대안을 생각해 내다

497 ★★
generate
[dʒénərèit]

ⓥ 창출하다, 야기하다
generation ⓝ (전기, 열 등의) 발생, 세대
generator ⓝ 발전기

💡 **generate** income[revenue]
수익[소득]을 창출하다
generate electricity 전기를 발생시키다

---

498 ★★
halt
[hɔ́:lt]

ⓝ 중단, 정지
ⓥ 정지시키다

💡 lead to a temporary **halt**
임시 중단을 초래하다
come to a **halt** 정지하다, 멈추다

---

499 ★★
interfere
[ìntərfíər]

ⓥ 방해하다, 개입하다
interference ⓝ 방해

💡 **interfere** with work 업무를 방해하다
interfere in another's life
남의 생활에 간섭하다

---

500 ★★★
inventory
[ínvəntɔ̀:ri]

ⓝ 재고품, 목록

💡 take **inventory** 재고 조사를 하다
a sale on remaining **inventory**
남은 재고품 판매

501 ★★★
manipulation
[mənìpjuléiʃən]

Ⓝ 조작

manipulate Ⓥ 조작하다

💡 stock price **manipulation** 주가 조작
gene **manipulation** 유전자 조작

---

502 ★
massive
[mǽsiv]

adj 막대한, 대규모의

💡 **massive** layoffs 대량 해고
a **massive** earthquake 대규모 지진

---

503 ★★
merchandise
[mə́:rtʃəndàiz]

Ⓝ 상품, 제품

merchandiser Ⓝ 상인

merchandising Ⓝ 판촉

💡 general **merchandise** 잡화
refuse the delivery of
merchandise 상품의 배송을 거절하다

---

504 ★★
motivation
[mòutəvéiʃən]

Ⓝ 동기, 자극

motivate Ⓥ 동기를 주다

💡 a lack of **motivation** among the
staff 직원들 사이의 동기 부족

505 ★★★
mount
[máunt]

ⓥ 설치하다, 올라타다, (산, 계단을) 오르다, (서서히) 증가하다

ⓝ (물건을 세우거나 받치는 데 쓰는) 대

💡 a truck-**mounted** machine used to cut down trees
나무를 잘라내는 데 쓰이는 트럭에 장착된 기계

mounting pressure for a change
변화에 증가하는 압력

---

506 ★★
numerous
[njú:mərəs]

adj 수많은, 셀 수 없이 많은

💡 **numerous** patent holders
수많은 특허권자들

numerous benefits 수많은 혜택

---

507 ★★
obstacle
[ábstəkl]

ⓝ 장애, 방해(물)

obstruct ⓥ (진로, 시야 등을) 방해하다

💡 overcome an **obstacle**
장애를 극복하다

---

508 ★
partial
[pá:rʃəl]

adj 부분적인, 불공평한

partially adv 부분적으로, 불공평하게

💡 the **partial** sale of government-owned energy companies
국유 에너지 회사의 부분 매각

a **partial** judge 편파적인 재판관

509 ★★
probable
[prábəbl]

adj 유망한, 가망이 있는

probably adv 아마도

💡 **probable** investors
가능성 있는 투자자들

510 ★★
profitable
[práfitəbl]

adj 이익이 되는, 유익한

💡 a **profitable** business 수익성 있는 사업
a highly **profitable** development
project 엄청난 수익을 내는 개발 프로젝트

Day 13

신원

511 ★★
pursue
[pərsjú:]

v 추구하다, 쫓다

pursuit n 추구, 추적

💡 **pursue** potential clients
잠재 고객들을 발굴하다
pursue legal action 법적 조치를 취하다

512 ★
retail
[rí:tèil]

n 소매(상)

adj 소매(상)의

v 소매하다

💡 a **retail** outlet 소매 할인점

513 ★★★
reverse
[rivə́ːrs]

ⓥ 거꾸로 하다, 번복하다

adj 반대의, 거꾸로인

ⓝ 반대

reversion ⓝ 전도, 역전

reversible adj 거꾸로 할 수 있는

💡 **reverse** a procedure
절차를 거꾸로 하다
on the **reverse** side 뒷면에

---

514 ★
run
[rʌ́n]

ⓥ 경영하다

💡 **run** a company 회사를 경영하다
state-**run** industries 국영 기업들

---

515 ★★
substantial
[səbstǽnʃəl]

adj 상당한, 많은

substance ⓝ 물질

substantially adv 상당히, 많이

💡 undergo **substantial** renovation
대대적으로 개조하다
a **substantial** number[amount, proportion] 상당한 수[양, 비율]

---

516 ★★★
sustain
[səstéin]

ⓥ 지속시키다, 존재하게 하다

💡 **sustain** its economic growth
경제 성장을 지속시키다

517 ★★★
tangible
[tǽndʒəbl]

adj 명백한, 가시적인

💡 **tangible** assets 유형 자산

---

518 ★★
transition
[trænzíʃən]

ⓝ 변천, 과도기, 변화

transit ⓝ 수송, 통행, 통과

transitional adj 변천하는, 과도기의

💡 IT industry in **transition**
과도기의 IT 산업

a gradual **transition** 점진적인 변천

---

519 ★★
utmost
[ʌ́tmòust]

adj 최대한의, 극도의

ⓝ 최대, 극한

💡 make **utmost** efforts 최대한 노력하다
do its **utmost** 전력을 다하다

Day 13

산업

---

520 ★★
widespread
[wáidspréd]

adj 널리 퍼진, 광범위한

💡 **widespread** advances in
biotechnology industry
생명 공학 산업의 광범위한 진보

Bonus VOCA

☐ **activate** [ǽktəvèit]	v. 작동시키다	
☐ **chemical** [kémikəl]	n. 화학제품	adj. 화학의
☐ **close down**	폐쇄하다, 폐업하다	
☐ **connoisseur** [kànəsə́:r]	n. 감정가	
☐ **cosmetic** [kɑzmétik]	adj. 미용의, 화장의	
☐ **crop** [krɑ́p]	n. 농작물, 수확량	
☐ **destruction** [distrʌ́kʃən]	n. 파괴	
☐ **dimension** [diménʃən]	n. 치수, 차원, 규모	
☐ **divert** [divə́:rt]	v. 방향을 바꾸게 하다	
☐ **drill for oil**	석유를 시추하다	
☐ **envision** [invíʒən]	v. 계획하다, 상상하다	
☐ **exert pressure on**	~에 압력을 행사하다	
☐ **family-run**	가족이 운영하는	
☐ **field** [fí:ld]	n. 분야	
☐ **firmly** [fə́:rmli]	adv. 단단하게, 견고하게	
☐ **flammable** [flǽməbl]	adj. 타기 쉬운	
☐ **formula** [fɔ́:rmjulə]	n. (일정한) 방식, 제조법	
☐ **foundation** [faundéiʃən]	n. 창설, 토대	
☐ **infusion** [infjú:ʒən]	n. 주입, 투입	
☐ **lighten** [láitn]	v. 밝게 하다	
☐ **long-established**	오랫동안 정착한	
☐ **minimize** [mínəmàiz]	v. 최소[최저]로 하다	
☐ **mining** [máiniŋ]	n. 광산업	

☐ **molecular** [məlékjulər]	adj. 분자의	
☐ **niche market**	틈새 시장	
☐ **offset** [ɔ́:fsèt]	n. 상쇄하는 것, 차감 계산	
☐ **on strike**	파업 중인	
☐ **part** [páːrt]	n. 일부, 부품, 역할	
☐ **procure** [proukjúər]	v. 획득하다	
☐ **realtor** [ríːəltər]	n. 부동산 중개업자	
☐ **recede** [risíːd]	v. (가치, 품질이) 떨어지다	
☐ **retain** [ritéin]	v. 유지하다	
☐ **safeguard** [séifgàːrd]	n. 예방 수단, 안전장치	
☐ **scale** [skéil]	n. 규모	
☐ **screening** [skríːniŋ]	n. 자격 심사	
☐ **sector** [séktər]	n. 부문, 지역	
☐ **shockproof** [ʃákprùːf]	adj. 충격에 견디게 만든	
☐ **site** [sáit]	n. 부지	
☐ **skyscraper** [skáiskrèipər]	n. 고층 건물	
☐ **supplement** [sʌ́pləmənt]	n. 추가	
☐ **surpass** [sərpǽs]	v. 능가하다	
☐ **symmetrically** [simétrikəli]	adv. 대칭적으로	
☐ **tailor-made**	맞춤의	
☐ **technical** [téknikəl]	adj. 기술적인	
☐ **textile** [tékstail]	n. 직물, 섬유	

Day 13

산업

Daily TEST

보기 속 단어의 의미를 알고 있는지 확인하고, 빈칸에 적절한 단어를 고르세요.

ⓐ adhere ☐	ⓑ demolish ☐	ⓒ endeavored ☐
ⓓ faced ☐	ⓔ feasible ☐	ⓕ generate ☐
ⓖ halted ☐	ⓗ profitable ☐	ⓘ sustain ☐
ⓙ utmost ☐		

1 Designers _____ a difficult challenge in creating products made entirely from recycled materials.

2 Development was _____ in order to troubleshoot a piece of faulty equipment.

3 Due to earthquake damage, the company was forced to _____ its largest warehouse.

4 It's simply not _____ to increase production without purchasing more equipment.

5 Manufacturers overseas must _____ to American standards in order to export their goods to the US.

6 Safety along the production line is of the _____ importance.

7 The company _____ to make its manufacturing process more efficient and environmentally friendly.

8 The factory can _____ production at this level through the cooler months.

9 The power unit can _____ enough energy to run the plant for three months.

10 The product was innovative, but we could not sell enough to make it _____.

1. ⓓ 2. ⓖ 3. ⓑ 4. ⓔ 5. ⓐ 6. ⓙ 7. ⓒ 8. ⓘ 9. ⓕ 10. ⓗ

Day

14

재정 · 금융

내 돈은 다 어디로 갔지?

Finance

---

521 ★★
account
[əkáunt]

ⓥ (~의 비율을) 차지하다, 설명하다
ⓝ (은행의) 계좌, 계산, 설명
accountant ⓝ 회계원

💡 **account** for 5% of the total market 전체 시장의 5%를 차지하다
open a savings **account**
예금 계좌를 개설하다

---

522 ★★★
accrue
[əkrú:]

ⓥ (이자가) 붙다, 축적하다

💡 the amount of dividends **accrued** on one common stock
보통주에 축적된 배당금의 액수

---

523 ★★★
accumulate
[əkjú:mjulèit]

ⓥ 축적하다, 모으다
accumulation ⓝ 누적, (복리에 의한) 원금 증가

💡 **accumulate** a significant net worth 상당량의 순자산을 모으다
prevent an **accumulation** of dust
먼지가 쌓이는 것을 방지하다

---

524 ★
amount
[əmáunt]

ⓝ 총액, 총계, 양
ⓥ (수, 양이) ~가 되다

💡 borrow a large **amount** of money
막대한 양의 돈을 빌리다
amount to a total of 3 billion dollars 총액이 30억 달러가 되다

230

525 ★★
ample
[ǽmpl]

adj 많은, 충분한

amply adv 충분히

💡 **ample** opportunities to make money 돈을 벌 수 있는 많은 기회

526 ★
analyze
[ǽnəlàiz]

ⓥ 분석하다, 연구하다

analysis ⓝ 분석

💡 **analyze** the marketing data fully 마케팅 자료를 상세히 분석하다

527 ★★
approximate
adj [əpráksəmət]
ⓥ [əpráksəmèit]

adj 대략의

ⓥ (~에) 가까워지다, 어림잡다

approximately adv 대략

💡 produce **approximate** estimates 대략적인 견적을 내다

528 ★★
assess
[əsés]

ⓥ 평가하다

💡 **assess** the company's value 기업의 가치를 평가하다

529 ★★★
asset
[ǽset]

- **p** (개인, 회사의) 자산, 재산
- 💡 accumulate **assets** for retirement
  은퇴를 대비해 재산을 모으다
  the sale of **assets** 자산 매각

530 ★★★
attain
[ətéin]

- **v** (목표를) 달성하다
- 💡 the most effective way to **attain** great wealth
  큰돈을 벌 수 있는 가장 효과적인 방법

531 ★★
balance
[bǽləns]

- **n** 차감 잔액, (계좌의) 잔고
- **v** 균형을 잡다
- 💡 outstanding **balance**
  미결제 잔액, 미지불 잔고
  balance a budget 결산하다

532 ★★
benefit
[bénəfit]

- **n** 혜택, 이익
- **v** 혜택을 보다, 이익을 얻다
  beneficial **adj** 득이 되는
- 💡 a **benefits** package 복리 후생 제도
  benefit from the weak euro
  유로화 약세로 인해 혜택을 보다

533 ★★
bounce
[báuns]

Ⓥ (수표를) 지불 거절하다, 튀다

💡 receive a notice of a **bounced** check from the bank
은행으로부터 부도 수표 통지를 받다

global economic growth to **bounce** back from July
7월부터 되살아나는 세계 경제 성장률

---

534 ★
budget
[bʌ́dʒit]

Ⓝ 예산(안)

Ⓥ 예산 계획을 세우다

💡 submit the annual **budget**
연간 예산안을 제출하다

---

535 ★★
charge
[tʃáːrdʒ]

Ⓝ 청구 금액, 요금

Ⓥ (요금을) 청구하다

💡 a small additional **charge** on the credit card 신용 카드의 추가 소액 요금

---

536 ★★★
collateral
[kəlǽtərəl]

Ⓝ 담보물

adj 부차적인

💡 put the house up as **collateral**
집을 담보로 하다

collateral damage 이차적 피해

537 ★★★
coverage
[kávəridʒ]

🅝 (보험의) 보상 범위, 취재 범위

cover 🅥 포함하다, 보도하다

💡 extensive insurance **coverage**
폭넓은 보험 보상 범위

media **coverage** 언론 보도

---

538 ★★
deficit
[défisit]

🅝 적자, 부족액

deficient `adj` 부족한

💡 a growing budget **deficit**
늘어나는 예산 적자

---

539 ★★★
delinquent
[dilíŋkwənt]

`adj` (세금, 부채 등이) 체납의

💡 a small business owner with
delinquent accounts
체납 계좌를 안고 있는 소규모 경영주

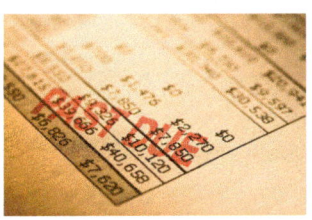

---

540 ★★
deposit
[dipázit]

🅝 예금, 보증금

🅥 예금하다, 맡기다

💡 the initial **deposit** of $300
300달러의 보증금

541 ★★
evaluate
[ivǽljuèit]

ⓥ 어림하다, 평가하다
evaluation ⓝ 가치, (질에 대한) 평가

💡 **evaluate** the cost of the services
서비스 비용을 어림잡다

evaluate on a case-by-case basis
개별적으로 평가하다

542 ★★
expense
[ikspéns]

ⓝ 지출, 비용
ⓟ (특정 일에 드는) 경비

💡 claim travel **expenses** for a week
일주일간의 출장비를 요구하다

543 ★★
expire
[ikspáiər]

ⓥ (계약, 보증 등이) 만기가 되다, 끝나다

💡 shred an **expired** credit card
만기 신용 카드를 분쇄하여 처분하다

544 ★★★
figure
[fígjər]

ⓥ 숫자로 나타내다, 생각하다
ⓝ 숫자, 계산, 인물, 모습

💡 **figure** out the current level of consumption
현재 소비 수준을 알아보다

have a chance to meet a public **figure** 유명 인사를 만날 기회를 갖다

545 ★★
financial
[finǽnʃəl]

`adj` 재정의, 금융의
financing `n` 자금 조달, 융자

💡 go through severe **financial** difficulties 심각한 재정적 어려움을 겪다
a **financial** crisis[setback]
금융 위기[악화]

---

546 ★★
fiscal
[fískəl]

`adj` 회계의, 재정상의

💡 the budget for this **fiscal** year
이번 회계 연도 예산
manage a **fiscal** operation
회계 운영을 관리하다

---

547 ★
increase
`v`[inkríːs]
`n`[ínkriːs]

`v` 늘다, 상승하다
`n` 증가
increasingly `adv` 점점, 더욱더

💡 **increased** demand for production
생산 수요의 증가
in an **increasingly** competitive market
점차적으로 경쟁이 심해지는 시장에서

---

548 ★★★
insolvent
[insálvənt]

`adj` 지불 불능의, 파산한

💡 an **insolvent** bond 지불 불능 채권

549 ★
loan
[lóun]

- ⓝ 대부, 대출금
- ⓥ 대출해 주다, 빌려 주다
- 💡 take[get] out a **loan** 대출 받다

550 ★★
mortgage
[mɔ́ːrgidʒ]

- ⓝ 주택 융자
- 💡 apply for a **mortgage** loan
  부동산 담보 대출을 신청하다
  an increase[decline] in **mortgage**
  rates 주택 담보 대출 금리의 인상[하락]

551 ★
overdue
[òuvərdjúː]

- adj 지불 기한이 넘은, 미불의
- 💡 a payment of **overdue** charges
  연체 가산금의 지불

552 ★★★
prolong
[prəlɔ́ːŋ]

- ⓥ (기간을) 연장하다
- 💡 a **prolonged** economic slump
  장기화된 경기 침체
  after **prolonged** negotiations
  절충을 거듭한 후

재정·금융

553 ★★
property
[prápərti]

🔵 재산, 소유물, 부동산

💡 common[communal, joint]
property 공유[공공] 재산
commercial **property** 상업용 부지

---

554 ★★★
redeem
[ridí:m]

🔵 (주식, 상품권을) 현금[상품]으로 교환하다,
(저당물을) 되찾다, 보완하다
redeemable [adj] (현금, 상품과) 교환할 수
있는

💡 **redeem** a gift certificate
상품권을 물건으로 바꾸다
redeem her jewelry from the pawn
shop 전당포에서 보석을 되찾다

---

555 ★★★
reimburse
[rì:imbə́:rs]

🔵 변상하다, 상환하다
reimbursement 🔵 상환

💡 **reimburse** fully for the lost
baggage
분실한 수하물에 대해 전액 변상하다

---

556 ★
secure
[sikjúər]

[adj] 안전한, 보장된
🔵 안전하게 하다, 지키다
security 🔵 안전, 보안, 안심

💡 financially **secure** 재정적으로 보장된
a **secure** job with good pay
급여가 좋은 안정된 일자리

557 ⭐
share
[ʃέər]

- ⓝ 주식, 몫
- ⓥ 나누다, 공유하다
- 💡 a fall in **share** prices 주가 하락
  share information with business partners 사업 파트너와 정보를 공유하다

---

558 ⭐
transfer
[trænsfə́r]

- ⓥ 옮기다, 이동하다, 환승하다
- ⓝ 이동, 전근, 환승
- transferable `adj` 이동[양도] 가능한
- 💡 **transfer** money 돈을 송금하다, 이체하다
  transfer from a bus to a train
  버스에서 기차로 갈아타다
  an electronic **transfer**
  온라인 (자금) 이체

---

559 ⭐⭐⭐
volatile
[vάlətil]

- `adj` (가격 등이) 불안정한, 휘발성의
- 💡 a **volatile** exchange rate
  불안정한 환율
  a **volatile** solvent 휘발성 용제

---

560 ⭐⭐
withdraw
[wiðdrɔ́ː]

- ⓥ 인출하다, 철회하다
- withdrawal ⓝ 인출, 회수
- 💡 **withdraw** $500 from the savings account 계좌에서 500달러를 찾다
  withdraw the plan 계획을 철회하다

재정·금융

Bonus VOCA

☐ **auditor** [ɔ́:dətər]	n. 회계 감사원
☐ **bank statement**	은행 거래 명세서
☐ **bearer securities**	무기명 증권
☐ **bond** [bánd]	n. 채권
☐ **bookkeeper** [búkkì:pər]	n. 회계 장부 담당자
☐ **brokerage** [bróukəridʒ]	n. 중개, 중개업소
☐ **calculate** [kǽlkjulèit]	v. 계산하다, 추정하다
☐ **cost** [kɔ́:st]	n. 비용 v. (비용이) 들다
☐ **credit limit**	신용 대출 한도액
☐ **cutback** [kʌ́tbæ̀k]	n. 삭감, 축소
☐ **disbursement** [disbə́:rsmənt]	n. 지불(금)
☐ **dividend** [dívədènd]	n. 배당금
☐ **due** [djú:]	adj. 만기가 된, 지급 기일이 된
☐ **due date**	지불 기한, 납부일
☐ **fee** [fí:]	n. (변호사 등에 대한) 보수, 요금
☐ **forfeit** [fɔ́:rfit]	v. (권리, 재산을) 몰수당하다
☐ **fortune** [fɔ́:rtʃən]	n. 재산, 부, 거금, 운
☐ **funding** [fʌ́ndiŋ]	n. 기금
☐ **go bankrupt**	파산하다
☐ **income and expenses**	수입과 지출
☐ **interest** [íntərəst]	n. 이자율
☐ **ledger** [lédʒər]	n. (업체에서 거래 내역을 적은) 원장

☐ **levy** [lévi]	n. (세금의) 추가 부담금
☐ **liquidate** [líkwidèit]	v. (빚을) 청산하다
☐ **make quick money**	손쉽게 돈을 벌다
☐ **outlay** [áutlèi]	n. 경비, 지출
☐ **overestimate** [òuvəréstəmeit]	v. (양, 수를) 과대 평가하다
☐ **proprietor** [prəpráiətər]	n. 소유주
☐ **quarterly earnings**	분기 수익
☐ **raise funds**	재원을 확보하다
☐ **ratio** [réiʃou]	n. 비, 비율
☐ **real estate**	부동산
☐ **rebate** [rí:beit]	v. (금액 일부를) 환불하다 n. 환불
☐ **receivable** [risí:vəbl]	adj. 미지급의
☐ **remittance** [rimítəns]	n. 송금액
☐ **risky investment**	위험한 투자
☐ **royalty** [rɔ́iəlti]	n. 저작권 사용료
☐ **shareholder** [ʃɛ́ərhòuldər]	n. 출자자, 주주
☐ **tax assessment**	조세 평가
☐ **tax deduction**	세금[소득] 공제
☐ **the first quarter**	(한 해의) 1분기
☐ **treasurer** [tréʒərər]	n. 회계 담당자, 출납 담당자
☐ **typical savings account**	일반 저축 예금
☐ **voucher** [váutʃər]	n. (현금 대용의) 상품권

Day 14

재정·금융

Daily TEST

보기 속 단어의 의미를 알고 있는지 확인하고, 빈칸에 적절한 단어를 고르세요.

ⓐ accrued ☐ ⓑ assets ☐ ⓒ attain ☐
ⓓ balance ☐ ⓔ bounced ☐ ⓕ collateral ☐
ⓖ delinquent ☐ ⓗ evaluate ☐ ⓘ reimbursed ☐
ⓙ withdraw ☐

1 After last month's payment, your outstanding _____ is now $23,000.

2 Borrowers must put up $2,000 in _____ to receive a $10,000 loan.

3 By signing here, you allow the bank to _____ personal and financial information.

4 Customers were _____ for the fees they paid to insure their homes.

5 The account has _____ $250 in interest over the past three years.

6 The owner was six months _____ on mortgage payments and lost his house.

7 There wasn't enough money in the account to cover the check, and so it _____.

8 To apply for a loan, list your _____ in section 3 of the form.

9 We _____ credit scores and financial histories as part of the loan approval process.

10 With a regular checking account, you may _____ only $500 in cash in a day.

1. ⓓ 2. ⓕ 3. ⓒ 4. ⓘ 5. ⓐ 6. ⓖ 7. ⓔ 8. ⓑ 9. ⓗ 10. ⓙ

Day

15

환경

작은 실천으로 지구를 살려요

Environment

561 ★★
abundant
[əbʌ́ndənt]

`adj` 풍부한
abundance `n` 풍부함

💡 **abundant** natural resources
풍부한 천연자원
abundant in vitamin C
비타민 C가 풍부한

---

562 ★★★
adapt
[ədǽpt]

`v` 적응시키다, 순응하다
adaptation `n` 적응, 개조, 개작
adaptive `adj` 적응할 수 있는

💡 **adapt** to a new environment
새로운 환경에 적응하다
a movie **adaptation** of the book
책의 영화 각색

---

563 ★★
affluent
[ǽfluənt]

`adj` 풍족한, 부유한
affluently `adv` 풍부하게

💡 land **affluent** in resources
자원이 풍부한 땅
an **affluent** residential area
부유층 거주 지역

---

564 ★
bear
[bɛ́ər]

`v` (아이, 새끼를) 낳다, 참다, 견디다

💡 new **born** seals 새로 태어난 아기 물개들

565 ★★★
casualty
[kǽʒuəlti]

ⓝ 사상자, 부상자

💡 the **casualty** figure 사상자 수

---

566 ★★★
conduct
ⓥ[kəndʌ́kt]
ⓝ[kándʌkt]

ⓥ (특정 활동을) 하다, 지휘하다, 행동하다

ⓝ 행동, 수행, 지도

💡 **conduct** a survey on environment in industry
산업계의 환경 관련 설문 조사를 하다
conduct an orchestra
오케스트라를 지휘하다

---

567 ★★
conserve
[kənsə́:rv]

ⓥ 보존하다, 아끼다

conservation ⓝ 자연환경 보존

conservative `adj` 보수적인

💡 **conserve** forests by law
법으로 삼림을 보존하다
conservative views on the issue
사안에 대한 보수적인 견해

---

568 ★★
contamination
[kəntæ̀mənéiʃən]

ⓝ 오염

contaminate ⓥ 오염시키다

contaminant ⓝ 오염 물질

💡 realize the risk of **contamination**
오염의 위험성을 깨닫다

환경

569 ★★
crude
[krú:d]

adj 천연 그대로의, 미숙한

💡 **crude oil** 원유

---

570 ★★★
deteriorate
[ditíriərèit]

ⓥ 악화하다, (질을) 나쁘게 하다

deterioration ⓝ 악화, (가치의) 하락

💡 **deteriorating** weather conditions
나빠지는 기상 상태
deteriorate the quality
질을 떨어뜨리다

---

571 ★★
devastate
[dévəstèit]

ⓥ 완전히 파괴하다

devastating adj 파괴적인

💡 **devastated** by the hurricane
허리케인으로 인해 완전히 파괴된

---

572 ★★
diminish
[dimíniʃ]

ⓥ 감소하다

💡 **diminish** air pollution
대기 오염을 줄이다

573 ★★★
dispose
[dispóuz]

ⓥ 처분[처리]하다
disposal ⓝ 폐기, 처분
disposable adj 일회용의

💡 **dispose** of unwanted clothing
원하지 않는 옷을 처분하다
disposable contact lenses
1회용 콘택트렌즈

---

574 ★★★
drench
[drént∫]

ⓥ 흠뻑 물에 적시다
ⓝ 흠뻑 젖음, 호우

💡 **drenched** with rain 비에 흠뻑 젖은

---

575 ★★
drought
[dráut]

ⓝ 가뭄

💡 suffer from a severe **drought**
심각한 가뭄으로 고통을 받다

---

576 ★★
endangered
[indéindʒərd]

adj 위험에 처한, (동식물이) 멸종 위기에
처한

💡 **endangered** due to poaching
밀렵으로 멸종 위기에 처한
an **endangered** animal
멸종 위기의 동물

Day 15

외전

577 ★

environmental

[invàiərənméntl]

adj 환경의, 주위의

environment n 환경

💡 **environmental** assessment
환경 평가

environmental contamination
환경 오염

---

578 ★★

evacuation

[ivækjuéiʃən]

n 대피, 피난

evacuate v 대피하다

💡 an emergency **evacuation** of the building 건물에서 긴급 대피

---

579 ★★

extinction

[ikstíŋkʃən]

n 멸종

extinct adj 멸종된, 사라진

💡 in danger of **extinction**
멸종 위기에 있는

an **extinct** volcano 사화산

---

580 ★★

forage

[fɔ́:ridʒ]

v (먹이를) 찾아다니다

n (소, 말 등의) 먹이

💡 **forage** for food 먹이를 찾으러 다니다

grown for **forage**
사료용으로 재배된

581 ★
forecast
[fɔ́:rkæst]

ⓝ (날씨의) 예보, 예상, 전망
ⓥ 예상하다, 예보하다

💡 listen to the weather **forecast**
일기 예보를 듣다

582 ★★
harsh
[háːrʃ]

adj 가혹한, (날씨, 환경이) 혹독한

💡 a **harsh** land 황량한 토지

583 ★★
hazard
[hǽzərd]

ⓝ 위험 (요소), 유해 물질

hazardous adj 유해한, 위험한

💡 regulations on environmental
hazards 환경 유해 물질에 대한 법규

584 ★
impact
[ímpækt]

ⓝ 영향, 충격
ⓥ 영향을 주다

💡 conduct an environmental **impact**
assessment 환경 영향 평가를 시행하다

Day 15

환경

585 ★★★
impending
[impéndiŋ]

adj 임박한, 절박한
impend v 절박하다

💡 discuss the **impending** matter
시급한 문제를 상의하다
impending economic difficulties
금방 닥쳐올 경제적 난관

---

586 ★★
inhabit
[inhǽbit]

v ~에 살다, 거주하다

💡 **inhabit** the island 섬에 살다

---

587 ★
instant
[ínstənt]

adj 즉각[즉석]의, 긴급한
n 순간, 찰나
instantly adv 즉시

💡 **instant** death 즉사
come back in an **instant**
눈 깜짝할 사이에 돌아오다

---

588 ★★★
irretrievable
[ìritríːvəbl]

adj 회복할 수 없는, 돌이킬 수 없는

💡 **irretrievable** destruction
회복할 수 없을 정도의 파괴

589 ★★★
jeopardize
[dʒépərdàiz]

ⓥ 위태롭게 하다

💡 **jeopardize** the safety of people
사람들의 안전을 위태롭게 하다

---

590 ★★
migration
[maigréiʃən]

ⓝ 이주, 이동

migrate ⓥ 이주하다

migrating adj 이주하는

💡 seasonal **migration** 계절에 따른 이동
migrate south for the winter
겨울을 나기 위해 남쪽으로 이주하다

---

591 ★★
phenomenon
[finámənàn]

ⓝ 현상

phenomenal adj 자연 현상의, 경이적인

💡 a natural **phenomenon** 자연 현상

---

592 ★
pollutant
[pəlú:tnt]

ⓝ 오염 (물질)

pollute ⓥ 오염시키다

pollution ⓝ 오염

💡 harmful **pollutants** 유해 오염 물질
man-made **pollution**
인간이 초래하는 오염

Day 15

환경

593 ★★★
precipitation
[prisìpitéiʃən]

ⓝ 강수[강우]량

💡 average annual **precipitation**
연평균 강수량

---

594 ★
preserve
[prizə́ːrv]

ⓥ 보존하다

💡 **preserve** water resources
수자원을 보존하다

---

595 ★★
purify
[pjúərəfài]

ⓥ 깨끗이 하다, 정화하다
purification ⓝ 정화

💡 an air **purifying** system
공기 정화 장치
a water **purification** system
수질 정화 시스템

---

596 ★★★
scarce
[skέərs]

adj 부족한
scarcity ⓝ 부족

💡 waste **scarce** resources
부족한 자원을 낭비하다
an energy **scarcity** 에너지 부족

597 ★
shortage
[ʃɔ́ːrtidʒ]

Ⓝ 부족

short adj 불충분한

shortly adv 곧, 얼마 안 있어

💡 face serious food **shortages**
심각한 식량 부족에 직면하다

shortly before[after] 바로 전에[후에]

---

598 ★★★
staple
[stéipl]

Ⓝ 기본 식료품

adj 주요한, 기본적인

💡 a **staple** food for French people
프랑스인의 주식

---

599 ★★★
trigger
[trígər]

Ⓥ 야기하다, 유발하다

💡 air pollution **triggering** heart disease
심장 질환을 유발하는 대기 오염

without **triggering** inflation
물가 상승을 유발하지 않고

---

600 ★★★
unsanitary
[ʌnsǽnitèri]

adj 비위생적인

💡 in unsafe and **unsanitary** work conditions
안전하지 않고 비위생적인 작업 환경에서

Bonus VOCA

☐ **acidic** [əsídik]	adj. 산성의
☐ **adversity** [ædvə́:rsəti]	n. 재난, 역경
☐ **agriculture** [ǽgrikʌ̀ltʃər]	n. 농업
☐ **arable** [ǽrəbl]	adj. (땅이) 경작에 알맞은
☐ **bare** [bɛ́ər]	adj. 벌거벗은
☐ **cause damage**	피해를 일으키다
☐ **coastal** [kóustəl]	adj. 해안의
☐ **continental** [kɑ̀ntənéntl]	adj. 대륙의
☐ **corrosion** [kəróuʒən]	n. 침식 작용
☐ **deplete** [diplí:t]	v. (자원을) 고갈시키다
☐ **disassemble** [dìsəsémbl]	v. 분해하다
☐ **disaster** [dizǽstər]	n. 재해, 재앙
☐ **dormant volcano**	휴화산
☐ **drain** [dréin]	v. 배수하다
☐ **drift** [dríft]	v. 떠다니다
☐ **ecology** [ikálədʒi]	n. 생태학
☐ **equilibrium** [ì:kwəlíbriəm]	n. 평형, 균형
☐ **exposed** [ikspóuzd]	adj. 노출된, 드러난
☐ **extensive damage**	광범위한 피해
☐ **fertilizer** [fə́:rtəlàizər]	n. 비료
☐ **flood** [flʌ́d]	n. 홍수 v. 침수되다
☐ **fuel consumption**	연료 소비
☐ **fume** [fjú:m]	v. 연기를 내뿜다

☐ **geographic** [dʒìːəgrǽfik]	adj. 지리상의
☐ **greenhouse** [grí:nhàus]	n. 온실
☐ **gusty** [gʌ́sti]	adj. (바람이) 세찬
☐ **habitat** [hǽbitæt]	n. (동식물의) 서식지
☐ **hail** [héil]	n. 우박
☐ **humid** [hjúːmid]	adj. 습한, 눅눅한
☐ **hygiene** [háidʒiːn]	n. 위생
☐ **immensity** [iménsəti]	n. 광대함, 엄청난 크기
☐ **inclement** [inklémənt]	adj. (날씨가) 험한, 혹독한
☐ **industrial waste**	산업 폐기물
☐ **litter** [lítər]	n. 쓰레기 v. 어지르다
☐ **logging** [lɔ́:giŋ]	n. 벌목
☐ **lumber** [lʌ́mbər]	n. 목재
☐ **meteorological** [mìːtiərəlɑ́dʒikəl]	adj. 기상학의
☐ **petrochemical** [pètroukémikəl]	n. 석유 화학 제품
☐ **protective gear**	보호 장비
☐ **rarity** [rɛ́ərəti]	n. 희귀
☐ **recycle** [rìːsáikl]	v. 재활용하다
☐ **sewage** [súːidʒ]	n. 하수, 오물
☐ **stream** [stríːm]	n. 시냇물 v. 흐르다
☐ **terrestrial** [təréstriəl]	adj. 지구(상)의

Day 15

환경

Daily TEST

보기 속 단어의 의미를 알고 있는지 확인하고, 빈칸에 적절한 단어를 고르세요.

ⓐ abundant ☐	ⓑ adapt ☐	ⓒ casualties ☐
ⓓ contaminated ☐	ⓔ dispose ☐	ⓕ evacuation ☐
ⓖ hazard ☐	ⓗ precipitation ☐	ⓘ shortage ☐
ⓙ triggered ☐		

1 A(n) _____ of clean water has made the village uninhabitable.

2 Air pollution _____ a series of health concerns across a 500-mile area.

3 Before farming began 10 years ago, birds and mammals were _____ here.

4 During the dry season, campfires pose a major _____ in large forests.

5 Species can _____ over time to gradual changes in the environment.

6 The low _____ levels the past few months could leave the area in a severe drought.

7 The mines near the river have _____ the waters with lead and other metals.

8 The seal population suffered huge _____ after the Exxon oil spill.

9 Tourists must _____ of all plastic and glass bottles before entering the park.

10 With the waters rising rapidly, officials issued a mandatory _____ of the area.

---

1. ⓘ 2. ⓙ 3. ⓐ 4. ⓖ 5. ⓑ 6. ⓗ 7. ⓓ 8. ⓒ 9. ⓔ 10. ⓕ

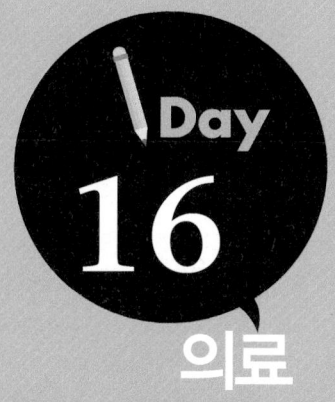

Day

16

의료

국민 모두가 누려야 할
기초적인 사회 보장

Medical Treatment

601 ★★
administer
[ədmínistər]

ⓥ 약을 투여하다

💡 **administer** this medication to children under 6
이 약을 6세 이하 어린이에게 투여하다

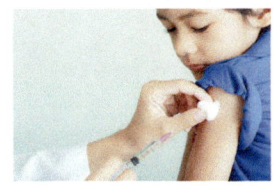

602 ★
allergic
[əlɛ́ːrdʒik]

adj 알레르기의

allergist ⓝ 알레르기 전문 의사

💡 **allergic** reactions 알레르기 반응
allergic to peanuts
땅콩 알레르기가 있는

603 ★★★
alleviate
[əlíːvièit]

ⓥ 완화하다

alleviation ⓝ 완화

💡 **alleviate** the pain 고통을 완화하다

604 ★★
boundary
[báundəri]

ⓝ 경계(선)

💡 define the **boundary** between what may be acceptable and unacceptable
수용 가능한 것과 불가능한 것 사이의 경계를 두다

605 ★★
chronic
[kránik]

adj 만성의

💡 a **chronic** disease 만성 질환
suffer a **chronic** trade imbalance
만성적인 무역 불균형을 겪다

---

606 ★★
contagious
[kəntéidʒəs]

adj 전염성의

💡 combat a highly **contagious** skin disease 전염성 높은 피부병을 방지하다

---

607 ★★
diagnosis
[dàiəgnóusis]

n 진단, 분석
diagnose v 진단하다
diagnostic adj 진단의

💡 early **diagnosis** and treatment
조기 진단과 치료
confirm a **diagnosis** 진단을 확인하다

---

608 ★
donate
[dóuneit]

v 기부하다, 기증하다
donation n 기부, 기증
donor n 기증자

💡 **donate** her body for research
연구를 위해 신체를 기부하다
blood **donors** 헌혈자

의료

Day 16

609 ★

dosage

[dóusidʒ]

ⓝ 투약, 1회분 복용량

dose ⓝ 복용량 ⓥ 투약하다

💡 increase the **dosage** 복용량을 늘리다
dosage instructions for children
on the label
라벨에 써 있는 어린이 복용 지침서

---

610 ★★

epidemic

[èpidémik]

ⓝ 전염병

adj 유행성의

💡 a huge outbreak of the flu
epidemic 대규모 유행성 독감 발병

---

611 ★

essential

[əsénʃəl]

adj 필수적인, 필수의

💡 an **essential** element in cancer
treatment 암 치료에 있어서 필수 요소

---

612 ★★

exhausted

[igzɔ́:stid]

adj 완전히 지친

exhausting adj 피곤하게 하는, 소모적인

💡 look completely **exhausted**
완전히 지쳐 보이다
exhausting exercise 힘든 운동

613 ★★
fatigue
[fətíːg]

ⓝ 피로

💡 **fatigue** in the workplace
직장 내에서 느끼는 피로

614 ★★★
immune
[imjúːn]

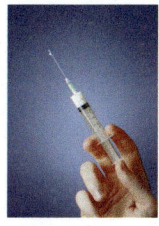

adj 면역의, 영향을 받지 않는

immunize ⓥ 면역성을 갖게 하다

immunity ⓝ 면역

immunization ⓝ 예방 주사

💡 the **immune** system 면역 체계
immune from criticism 비난을 면한

615 ★★
infect
[infékt]

ⓥ 감염시키다

infection ⓝ 전염

infectious adj 전염성의

💡 **infected** with a virus
바이러스에 감염된

616 ★★
inhale
[inhéil]

ⓥ 흡입하다, 들이쉬다

inhalation ⓝ 흡입

💡 **inhale** and exhale deeply
깊게 숨을 들이쉬고 내쉬다
inhale second-hand smoke
간접흡연을 하다

외울

Day 16

617 ★★

innate

[inéit]

adj 선천적인

💡 defects of **innate** immunity
선천적 면역 결핍

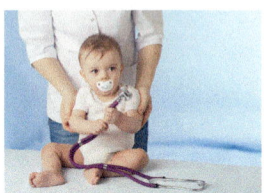

---

618 ★

inquire

[inkwáiər]

v 문의하다, 조사하다

inquiry n 질문, 문의

💡 **inquire** into the causes and cures for the disease
병의 원인과 치료법을 묻다

---

619 ★★

latent

[léitnt]

adj 잠재된, 숨어 있는

💡 **latent** viral infections
잠복성 바이러스 감염

---

620 ★

medicinal

[mədísənl]

adj 약용의, 치유력이 있는

💡 **medicinal** substances 약물
have **medicinal** effects
의학적 효과가 있다

621 ★
narrow
[nǽrou]

ⓥ (범위 등을) 좁히다, 좁아지다

adj 좁은, 한정된

💡 **narrow** down the possible causes of fever 열이 나는 가능한 원인들을 좁히다

622 ★★★
penetrate
[pénitrèit]

ⓥ 관통하다, 스며들다

penetration ⓝ 관통, 침투

💡 **penetrate** into the human body
사람의 몸속으로 침투하다

623 ★★
permanent
[pə́:rmənənt]

adj 영구적인

permanence ⓝ 영속성

permanently adv 영구적으로

💡 cause **permanent** damage
영구적인 손상을 일으키다

a **permanent** job 정규직

624 ★
prescribe
[priskráib]

ⓥ (약을) 처방하다

prescription ⓝ 처방전, 약

💡 **prescribe** medicine 약을 처방하다

give a patient a **prescription**
환자에게 처방전을 주다

Day 16

625 ★★
prevent
[privént]

ⓥ 예방하다, 방해하다
prevention ⓝ 예방법, 방지책
preventive [adj] 예방적인

💡 **prevent** infections from surgery
수술 중 감염되는 것을 방지하다
early[primary, secondary]
prevention 조기[1차, 2차] 예방

---

626 ★
relieve
[rilíːv]

ⓥ 경감하다, 안도하게 하다
relief ⓝ 경감, 안도

💡 **relieve** the stress 스트레스를 풀다
in **relief** 안도감에

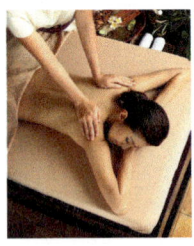

---

627 ★
remedy
[rémidi]

ⓝ 치료(제), 해결책
ⓥ 해결하다

💡 folk **remedies** for asthma
천식 민간요법
remedy a problem 문제를 해결하다

---

628 ★★
severe
[səvíər]

[adj] 심각한, 혹독한
severity ⓝ 엄격

💡 come down with a **severe** cold
심한 감기에 걸리다
the **severe** shortage of medicines
심각한 약 부족

629 ★★
significant
[signífikənt]

adj 중요한, 의미 있는
significance ⓝ 중요성
significantly adv 상당히, 두드러지게

💡 a **significant** level of pain
엄청난 고통
offer **significant** discounts to customers
고객들에게 많은 할인 혜택을 제공하다

630 ★★★
stimulation
[stìmjuléiʃən]

ⓝ 자극, 격려
stimulate ⓥ 자극하다, 활기를 띠게 하다
stimulating adj 자극하는

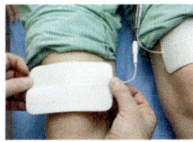

💡 use electric **stimulation**
전기 자극을 사용하다
stimulate an economic recovery
경제 회복에 박차를 가하다

631 ★
suffer
[sʌ́fər]

ⓥ (상해, 손해를) 입다

💡 **suffer** from a mental disorder
정신 질환으로 고생하다

632 ★★
superficial
[sùːpərfíʃəl]

adj 피상적인, 표면적인
superficially adv 피상적으로

💡 treat a **superficial** wound
외상을 치료하다

633 ★
surgery
[sə́ːrdʒəri]

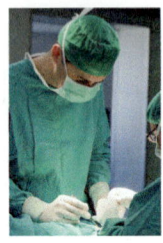

ⓝ 외과 수술

surgical [adj] 외과 수술의

💡 perform a **surgery** 수술을 집도하다
surgical instruments 외과용 기구

---

634 ★★★
susceptible
[səséptəbl]

[adj] 감염되기 쉬운, ~의 여지가 있는

💡 **susceptible** to skin cancer
피부암에 걸리기 쉬운

---

635 ★★
symptom
[símptəm]

ⓝ 증상, 징후, 조짐

💡 major **symptoms** of diabetes
당뇨의 대표적인 증상

---

636 ★
treatment
[tríːtmənt]

ⓝ 치료, 취급

treat ⓥ 치료하다

💡 require immediate **treatment**
즉각적인 치료를 요하다

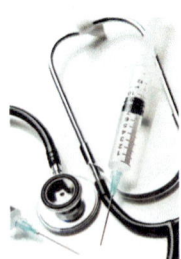

637 ★★
vaccinate
[vǽksənèit]

Ⓥ 예방 접종을 하다

vaccination Ⓝ 백신, 예방 접종

💡 **vaccinate** against hepatitis B
B형 간염 예방 접종을 하다

---

638 ★
vital
[váitl]

adj 생명의, 매우 중요한

vitally adv 절대적으로, 중대하게

💡 **vital** to human beings
인간에게 매우 중요한

vital statistics 인구 동태 통계

---

639 ★★★
vulnerable
[vʌ́lnərəbl]

adj 취약한, 상처 입기 쉬운

vulnerability Ⓝ 취약함

💡 remain highly **vulnerable** to
malaria 말라리아에 매우 취약한 상태이다

---

640 ★
ward
[wɔ́ːrd]

Ⓝ 병동, 수용실

Ⓥ 병실에 수용하다, (위험을) 피하다

💡 put the patient in the isolation
ward 환자를 격리 병동에 수용하다

Bonus VOCA

☐ **acute** [əkjúːt]	adj. (통증이) 심한
☐ **aging** [éidʒiŋ]	adj. 나이 들어가는
☐ **ailing** [éiliŋ]	adj. 약화된, 병든
☐ **asthma** [ǽzmə]	n. 천식
☐ **cancer** [kǽnsər]	n. 암
☐ **cavity** [kǽvəti]	n. 충치
☐ **chiropractor** [káirəpræ̀ktər]	n. 지압사
☐ **dehydration** [dìːhaidréiʃən]	n. 탈수(증)
☐ **dementia** [diménʃə]	n. 치매
☐ **diabetes** [dàiəbíːtiːz]	n. 당뇨병
☐ **dietary** [dáiətèri]	adj. 음식 섭취의
☐ **fever** [fíːvər]	n. 열
☐ **healing** [híːliŋ]	adj. 치료의
☐ **hearing** [híəriŋ]	n. 청력
☐ **influenza** [ìnfluénzə]	n. 인플루엔자, 유행성 감기
☐ **injection** [indʒékʃən]	n. 주사
☐ **insomnia** [insάmniə]	n. 불면증
☐ **instinctive** [instíŋktiv]	adj. 본능적인
☐ **leukemia** [luːkíːmiə]	n. 백혈병
☐ **limb** [lím]	n. 사지(四肢)
☐ **measles** [míːzlz]	n. 홍역

□ **nutrition supplement**	영양 보조제
□ **ointment** [ɔ́intmənt]	n. 연고
□ **optometrist** [ɑptɑ́mətrist]	n. 시력 측정 의사, 검안사
□ **orthopedic** [ɔ̀:rθəpíːdik]	adj. 정형외과의
□ **painkiller** [péinkìlər]	n. 진통제
□ **pale** [péil]	adj. 창백한
□ **paralysis** [pərǽləsis]	n. 마비
□ **pediatrician** [pìːdiətríʃən]	n. 소아과 의사
□ **pharmaceutical** [fɑ̀ːrməsúːtikəl]	n. 약, 제약 adj. 약학의, 조제의
□ **pharmacist** [fɑ́ːrməsist]	n. 약사
□ **physician** [fizíʃən]	n. 내과 의사
□ **pneumonia** [njumóunjə]	n. 폐렴
□ **psychological** [sàikəládʒikəl]	adj. 정신적인
□ **reexamine** [rìːigzǽmin]	v. 재검사하다
□ **robust** [roubʌ́st]	adj. 강건한, 튼튼한
□ **sneeze** [sníːz]	v. 재채기하다
□ **sterilize** [stérəlàiz]	v. 살균하다
□ **swell** [swél]	v. 부풀다, 붓다
□ **therapy** [θérəpi]	n. 치료, 요법
□ **toxication** [tɑ̀ksikéiʃən]	n. 중독
□ **veterinarian** [vètərənɛ́əriən]	n. 수의사

의료

Day 16

Daily TEST

보기 속 단어의 의미를 알고 있는지 확인하고, 빈칸에 적절한 단어를 고르세요.

ⓐ alleviate ☐   ⓑ contagious ☐   ⓒ diagnosis ☐
ⓓ epidemic ☐   ⓔ fatigue ☐   ⓕ immune ☐
ⓖ infection ☐   ⓗ latent ☐   ⓘ superficial ☐
ⓙ vulnerable ☐

1 Good nutrition and exercise will make you less _____ to illness.

2 It took doctors more than a year to arrive at a proper _____ .

3 The _____ spread across three states before medical officials could control it.

4 The disease is _____, so please keep your child out of school for a week.

5 The disease is spread by _____ through an exchange of blood.

6 The patient's symptoms include severe nausea, _____ , and regular headaches.

7 The virus can sit _____ in the body for six months before it activates.

8 The wound is only _____ —no bones were broken, and he doesn't need stitches.

9 This combination of medicines should _____ the pain after surgery.

10 Vaccinating children at a young age will make them _____ to several serious diseases.

1. ⓙ   2. ⓒ   3. ⓓ   4. ⓑ   5. ⓖ   6. ⓔ   7. ⓗ   8. ⓘ   9. ⓐ   10. ⓕ

Day

17

제조

일단 만들어야 쓰지!

Manufacture

---

641 ★★★
apparatus
[æpərǽtəs]

Ⓝ 장치, 장비

💡 a security[wireless] **apparatus**
안전[무선] 장치

a heating **apparatus** 난방 장치

---

642 ★★
apparent
[əpǽrənt]

adj 확실한, 명백한

apparently adv 분명히, 명백히

💡 an **apparent** error[defect]
명백한 오류[흠]

apparently unauthorized
명백히 승인되지 않은

---

643 ★★
assemble
[əsémbl]

Ⓥ (기계를) 조립하다, 집합하다

💡 **assemble** components
부품을 조립하다

assemble for a meeting
회의를 위해 모이다

---

644 ★★★
attribute
[ətríbjùːt]

Ⓥ (원인을) ~의 탓이라고 생각하다

attribution Ⓝ 귀속

💡 **attribute** the increase to
enhanced product quality
증가의 원인을 품질 향상 때문이라고 생각하다

645 ✱
automate
[ɔ́:təmèit]

Ⓥ 자동화하다

automatic `adj` 자동의

💡 a fully **automated** assembly line
완전 자동화된 조립 라인

646 ✱✱
bulk
[bʌ́lk]

ⓝ 부피, 크기

bulky `adj` 부피가 큰, 거대한

💡 purchase items in **bulk**
대량으로 물건을 구입하다

647 ✱
burden
[bə́:rdn]

ⓝ 무거운 짐, (의무, 책임의) 짐

💡 the **burden** of high taxes
높은 세금 부담

impose financial **burdens** on
companies 기업들에게 재정적 부담을 주다

648 ✱
caution
[kɔ́:ʃən]

ⓝ 주의, 조심

Ⓥ 주의시키다

cautious `adj` 조심성 있는, 신중한

💡 carry the boxes with **caution**
조심스럽게 박스를 옮기다

649 ★★★
commence
[kəméns]

ⓥ 시작되다, 개시하다
commencement ⓝ 시작, 개시

💡 **commence** business 사업을 시작하다
commence in less than five minutes 5분 이내에 시작하다

---

650 ★★
conscious
[kánʃəs]

adj 알고 있는, 자각하고 있는
consciousness ⓝ 의식, 인식
consciously adv 의식적으로

💡 **conscious** of the problems
문제를 인식한

---

651 ★★★
constraint
[kənstréint]

ⓝ 제약, 제한
constrain ⓥ 제한하다, 억제하다

💡 due to time **constraints**
시간 제약 때문에

---

652 ★★
content
[kántent]

ⓝ 내용물, 목차

💡 the **contents** of each package
각 포장의 내용물

653 *

damage
[dǽmidʒ]

ⓝ 손해, 피해

ⓥ 손해를 입히다

damaged `adj` 손상을 입은

💡 cause **damage** to public property
공공 재산을 파손시키다

damaged goods 파손된 상품

---

654 ***

detect
[ditékt]

ⓥ 발견하다, 간파하다

detection ⓝ 발견

💡 **detect** defective goods on the assembly line
조립 라인에서 불량품을 발견하다

detect an impending financial crisis 긴박한 재정 위기를 알아채다

---

655 **

dispute
[dispjúːt]

ⓝ 논쟁, 토론

ⓥ 논쟁하다, 토론하다

disputable `adj` 논란의 여지가 있는

💡 a labor **dispute** 노사 분규

---

656 **

dwindle
[dwíndl]

ⓥ 감소하다, 쇠퇴하다

💡 **dwindle** from 50 to 10
50에서 10으로 감소하다

dwindling profits 감소하는 이익

657 ★★
equipment
[ikwípmənt]

ⓝ 장비, 설비

equip ⓥ 장비를 갖추다

💡 office **equipment** 사무용품
fully **equipped** 장비를 완전히 갖춘

---

658 ★★
estimate
ⓝ [éstəmət]
ⓥ [éstəmèit]

ⓝ 평가, 견적(서)

ⓥ 견적을 내다, 추정하다

💡 cost **estimates** based on the standard norms 표준에 의한 견적비

---

659 ★
existing
[igzístiŋ]

adj 현존하는

💡 expand our **existing** facilities
기존 시설을 확장하다

---

660 ★★★
facility
[fəsíləti]

ⓝ 시설, 설비

💡 production[manufacturing]
facilities 생산[제조] 설비
child-care **facilities** 어린이 보호 시설

661 ★
failure
[féiljər]

ⓝ 실패, 고장, 불이행

💡 a power **failure** 정전
a system **failure** 시스템 고장

---

662 ★★★
hesitant
[hézətənt]

adj 주저하는, 머뭇거리는
hesitate ⓥ 주저하다, 망설이다
hesitation ⓝ 주저

💡 **hesitant** about employing people
with disabilities 장애인 고용을 망설이는
hesitate to make a decision
결정을 망설이다

---

663 ★★★
malfunction
[mælfʌ́ŋkʃən]

ⓝ 오작동, 기능 불량
ⓥ 오작동하다

💡 a few minor **malfunctions**
몇 가지 작은 고장

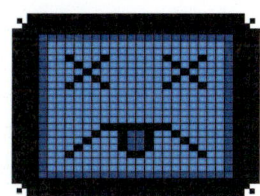

---

664 ★
manufacture
[mænjəfǽktʃər]

ⓥ 제조[생산]하다
ⓝ 제조, 생산
manufacturing ⓝ 제조업
manufacturer ⓝ 제조 회사, 제조업자

💡 a company that **manufactures**
car parts 자동차 부품을 생산하는 회사

665 ★★★

obsolete

[ɑ̀bsəlíːt]

adj 구식의, 쇠퇴한

💡 clean out **obsolete** materials
쓸모 없는 자재를 치우다

obsolete words 폐어

---

666 ★★

outdated

[àutdéitid]

adj 구식의, 낡은

💡 replace the **outdated** equipment
구식 장비를 교체하다

outdated or expired medications
오래되거나 기한이 지난 약품

---

667 ★

output

[áutpùt]

ⓝ 생산량, 결과물

💡 increase annual[daily] **output**
연간[일일] 생산량을 증가시키다

---

668 ★★

outweigh

[àutwéi]

ⓥ (가치, 중요성이) ~보다 더 크다

💡 far **outweigh** 훨씬 더 중요하다

outweigh the risks 위험을 능가하다

669 ★★
precisely
[prisáisli]

adv 정확히, 정밀하게
precise adj 정확한, 명확한

💡 **precisely** according to a rule
정확히 규칙에 의해서

670 ★
product
[prádəkt]

n 생산품, 제품
produce v 생산하다
productivity n 생산성
productive adj 생산적인

💡 promote a new **product**
신제품을 판촉하다
for maximum **productivity**
최고의 생산성을 위해

671 ★★
profit
[práfit]

n 이익, 수익
profitability n 수익성
profitable adj 이익이 되는

💡 **profits** generated by each product
각 제품에서 발생한 수익
make a **profit** 수익을 내다

672 ★★★
refine
[rifáin]

v 정제하다, 개선하다
refined adj 정제된, 세련된
refinery n 정제 공장

💡 **refine** a metal 금속을 정제하다
refined sugar[oil] 정제당[유]

673 ★★
reinforce
[rìːinfɔ́ːrs]

ⓥ 강화하다, 보강하다
reinforcement ⓝ 보강

💡 **reinforce** a supply 공급을 늘리다
reinforce the manager's opinion[argument]
관리자의 견해[주장]를 강화하다

674 ★
repair
[ripέər]

ⓥ 수리하다
ⓝ 수리

💡 **repair** the parts 부품을 수리하다
beyond **repair** 수리할 가망이 없는

675 ★
scaffold
[skǽfəld]

ⓝ (건축장의) 발판, 비계

💡 erect a **scaffold** 비계를 설치하다

676 ★★
simplify
[símpləfài]

ⓥ 단순하게 하다, 간소화하다

💡 **simplify** the process 절차를 간소화하다

677 **

specification

[spèsəfikéiʃən]

ⓝ 명세서, 설명서

specific `adj` 명확한, 구체적인

specify `v` 상술하다, 명기하다

💡 product **specifications** 제품 사양
follow **specific** procedures
세부 절차를 따르다

---

678 **

strike

[stráik]

ⓝ 파업

ⓥ 파업하다

💡 on **strike** 파업 중인
strike for a pay rise
임금 인상을 위해 파업을 하다

---

679 *

struggle

[strʌ́gl]

ⓥ 애쓰다, 고군분투하다

ⓝ 노력, 분투

💡 **struggle** for good jobs
좋은 일자리를 얻기 위해 노력하다
struggle against the government
정부에 대항해 싸우다

---

680 *

succeed

[səksíːd]

ⓥ 성공하다, 뒤를 잇다

success ⓝ 성공, 성취

successful `adj` 성공적인, 성공한

💡 **succeed** in business 사업에 성공하다

☐ **abrasion** [əbréiʒən]	n. (기계의) 마모, 찰과상
☐ **by hand**	손으로
☐ **craft** [krǽft]	n. 기술
☐ **craftsmanship** [krǽftsmənʃip]	n. 손재주, 솜씨
☐ **depot** [díːpou]	n. 창고
☐ **detach** [ditǽtʃ]	v. 떼다, 분리하다
☐ **distill** [distíl]	v. 증류하다
☐ **electronic components**	전자 부품
☐ **fuel** [fjúːəl]	n. 연료 v. 연료를 공급하다
☐ **go out of production**	생산을 중단하다
☐ **grease** [gríːs]	n. 윤활유
☐ **instrument** [ínstrəmənt]	n. 도구, 기구
☐ **leading manufacturer**	선두 제조업체
☐ **line** [láin]	n. 상품 종류
☐ **linear** [líniər]	adj. (직)선의, 1차원의
☐ **machinery** [məʃíːnəri]	n. 기계(류), 기계 장치
☐ **manual** [mǽnjuəl]	adj. 손으로 하는, 수동의 n. 안내서
☐ **meet the standards**	기준에 맞추다
☐ **minor** [máinər]	adj. 작은, 중요하지 않은
☐ **modernize** [mάdərnàiz]	v. 현대화하다
☐ **operation manual**	사용 설명서
☐ **outsource** [àutsɔ́ːrs]	v. (작업 등을) 외부에 위탁하다

☐ **overhaul** [ðuvərhɔ́:l]	v. (기계를) 분해 수리하다, 정비하다
☐ **plant** [plǽnt]	n. 공장, 식물 v. (식물을) 심다
☐ **precaution** [prikɔ́:ʃən]	n. 조심, 경계
☐ **process** [práses]	n. 과정, 진행, 경과 v. 가공하다
☐ **produce innovative products**	혁신적인 제품을 생산하다
☐ **quality control**	품질 관리
☐ **quantity** [kwántəti]	n. 수량
☐ **reassemble** [rì:əsémbl]	v. 재조립하다
☐ **recall defective merchandise**	불량품을 회수하다
☐ **recondition** [rì:kəndíʃən]	v. 수리하다
☐ **reinstall** [rì:instɔ́:l]	v. 재설치하다
☐ **replica** [réplikə]	n. 복제품
☐ **repository** [ripázətɔ̀:ri]	n. 저장소
☐ **reproduction** [rì:prədʌ́kʃən]	n. 재생산, 모조품
☐ **safety standard**	안전 기준
☐ **stack** [stǽk]	n. 더미 v. 쌓아 올리다
☐ **storeroom** [stɔ́:rrù:m]	n. 저장실
☐ **unit** [jú:nit]	n. 단위, (상품의) 한 개
☐ **unproductive** [ʌ̀nprədʌ́ktiv]	adj. 비생산적인
☐ **vibrant** [váibrənt]	adj. 진동하는, 활기에 넘치는

Daily TEST

보기 속 단어의 의미를 알고 있는지 확인하고, 빈칸에 적절한 단어를 고르세요.

ⓐ attributed ☐	ⓑ bulk ☐	ⓒ commence ☐
ⓓ constraints ☐	ⓔ equipped ☐	ⓕ estimates ☐
ⓖ existing ☐	ⓗ facility ☐	ⓘ malfunction ☐
ⓙ strike ☐		

1 After demanding higher wages for two years, the workers finally went on _____ .

2 Crews laid the foundation for the _____ last week and will begin construction tomorrow.

3 Due to a system _____ , we had to begin assembly all over again.

4 Improvements in safety can be _____ to new technological developments.

5 In Burma we can operate factories with very few legal or safety _____ .

6 Production on the new model will _____ at the beginning of next week.

7 The _____ of the order shipped Tuesday, and the rest will go out tomorrow.

8 The _____ assembly line is more than 15 years old and desperately needs an upgrade.

9 The new computers are _____ with faster processing systems and more memory.

10 This year, the company _____ it can sell 10,000 more products than last year.

1. ⓙ 2. ⓗ 3. ⓘ 4. ⓐ 5. ⓓ 6. ⓒ 7. ⓑ 8. ⓖ 9. ⓔ 10. ⓕ

행사

세미나에서 결혼식까지

Event

681 ★★★
address
[ədrés]

ⓝ 인사말, 주소

ⓥ 연설을 하다, (문제를) 다루다

💡 an opening **address** 개회사

address a problem 문제를 다루다

---

682 ★★★
adjourn
[ədʒə́ːrn]

ⓥ (재판, 회의 등을) 연기하다

adjournment ⓝ 연기, 휴회

💡 **adjourn** a meeting for a week
회의를 일주일간 연기하다

adjourn the court 재판을 휴정하다

---

683 ★★
admission
[ædmíʃən]

ⓝ 입장(료), 허락, 승인

admit ⓥ (사람, 사물을) 들이다, 인정하다

admissive adj 입장 허가의

💡 **admission** to the exhibit
전시회 입장료

---

684 ★
anniversary
[ænəvə́ːrsəri]

ⓝ 기념일

💡 a wedding **anniversary** 결혼기념일

685 ★
annual
[ǽnjuəl]

adj 매년의, 해마다의
biannual adj 연 2회의
💡 an **annual** shareholders' meeting
연례 주주총회

686 ★★
atmosphere
[ǽtməsfìər]

n 분위기
💡 create a welcoming **atmosphere**
환영하는 분위기를 조성하다
a change of **atmosphere**
분위기의 변화

687 ★
attend
[əténd]

v 참석하다, 주의를 기울이다
attendant n 출석자, 수행원
attention n 주의(력), 주목, 경청
💡 **attend** the meeting[lecture]
회의[강연]에 참석하다
the estimated number of
attendants 추정된 참석자 수

688 ★
celebrate
[séləbrèit]

v 축하하다, 기념하다
celebration n 축하(연), 기념(식)
celebrity n 유명 인사, 명성
💡 **celebrate** a promotion
승진을 축하하다
enjoy his **celebrity** 유명세를 누리다

689 ★★
ceremonial
[sèrəmóuniəl]

adj 의식의, 예식의

💡 a traditional **ceremonial** costume
전통 예복

---

690 ★
charity
[tʃǽrəti]

n 자선 (단체), 자비심

charitable adj 자비로운, 자선 단체의

💡 fund raising efforts for **charity**
자선 단체를 위한 기금 조성 노력

a **charity** event 자선 행사

---

691 ★★
cite
[sáit]

v 언급하다, 인용하다

💡 **cite** some examples of her good
deed 그녀의 선행을 몇 가지 언급하다

---

692 ★★★
complement
[kámpləmənt]

v 보완하다

n 보완물

complementary adj 서로 보완하는

💡 the table setting perfectly
complemented by the flowers
꽃으로 완벽하게 보완된 상차림

693 ★★
contend
[kənténd]

ⓥ 경쟁하다, 주장하다

contender ⓝ 경쟁자

contestant ⓝ (시합 등의) 참가자

💡 **contend** with each other for the first prize 1등을 차지하려고 서로 경쟁하다

---

694 ★★★
contribute
[kəntríbjuːt]

ⓥ (돈 등을) 기부하다, 공헌하다

contribution ⓝ 기부(금), 공헌

contributor ⓝ 기부자

💡 **contribute** some money for the poor 가난한 사람들에게 돈을 기부하다
make a **contribution** to charity
자선 단체에 기부금을 내다

---

695 ★★
dedicate
[dédikèit]

ⓥ 헌신하다, 전념하다

dedication ⓝ 헌신, 전념

💡 **dedicated** to protecting human rights 인권 보호에 헌신하는
thanks to the **dedication** of all the teachers 모든 선생님들의 헌신 덕분에

---

696 ★★★
devote
[divóut]

ⓥ (시간, 노력, 돈 등을) ~에 바치다

devotion ⓝ 전념, 헌신

💡 **devote** his life to education
일생을 교육에 바치다
a **devoted** employee 헌신적인 직원

697 ★★★
distinguished
[distíŋgwiʃt]

`adj` 뛰어난, 유명한

distinguish `v` 구별하다

💡 a **distinguished** school 명문 학교

---

698 ★★★
eminent
[émənənt]

`adj` 저명한, 탁월한

eminence `n` 명성

💡 **eminent** as a politician
정치가로서 명망이 있는

---

699 ★
engage
[ingéidʒ]

`v` 관여하다, 종사하다

engagement `n` 약속

engaged `adj` 약혼한, 통화 중인

💡 **engage** in a game of chess
체스 시합에 참가하다

have a dinner **engagement**
저녁 약속을 하다

---

700 ★★★
enroll
[inróul]

`v` 등록하다, 명단에 기재하다

💡 **enroll** in an advanced class
고급반에 등록하다

701 ★★
excursion
[ikskə́ːrʒən]

ⓝ (짧은) 여행, 소풍

💡 go on an **excursion** 소풍을 가다

702 ★★
exposition
[èkspəzíʃən]

ⓝ 박람회, 전시회

💡 hold an industrial **exposition**
산업 박람회를 열다

703 ★★★
function
[fʌ́ŋkʃən]

ⓝ 행사, 기능
ⓥ 작동하다
functional `adj` 기능의

💡 attend an annual **function**
연례행사에 참석하다
function properly 제대로 작동하다

704 ★★
fundraiser
[fʌ́ndrèizər]

ⓝ 모금 행사
fundraising ⓝ 모금

💡 hold a **fundraiser** 모금 행사를 열다
a **fundraising** dinner 자선 모금 만찬

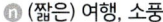

Day 18

행사

705 *
honor
[ánər]

ⓝ 명예
ⓥ 존경하다
adj 명예의

💡 in **honor** of the first president
초대 대통령에게 경의를 표하여
feel highly **honored**
대단히 영광으로 생각하다

---

706 *
host
[hóust]

ⓝ (손님을 접대하는) 주인, (행사의) 주최 측, 진행자
ⓥ (행사를) 주최하다

💡 the **host** country 주최국
host a show 쇼를 진행하다

---

707 *
leisure
[líːʒər]

ⓝ 여가

💡 spend their **leisure** time playing baseball in the park
여가 시간을 공원에서 야구를 하며 보내다

---

708 **
occasion
[əkéiʒən]

ⓝ 특별한 일, (특수한) 경우, 기회
ⓥ ~의 원인이 되다

💡 on the annual **occasion** 연례 행사에
on rare **occasion** 드물게
take this **occasion** 이 기회를 이용하다

709 ★★
participate
[pɑːrtísəpèit]

ⓥ 참여하다, 관여하다
participation ⓝ 참여
participant ⓝ 참가자

💡 **participate** in a race 경주에 참가하다

710 ★★★
postpone
[poustpóun]

ⓥ 연기하다

💡 **postpone** the meeting to next week 회의를 다음 주로 연기하다

711 ★
prepare
[pripέər]

ⓥ 준비하다, 각오하다
preparation ⓝ 준비

💡 **prepare** some sandwiches for lunch 점심으로 샌드위치를 준비하다
in **preparation** for winter
겨울에 대비하여

712 ★★★
preside
[prizáid]

ⓥ (회의, 의식 등을) 주재[주도]하다

💡 **preside** over a meeting 사회를 보다

713 **

primary

[práimeri]

adj 가장 중요한, 주된

prime adj 중요한, 기본적인

primarily adv 주로, 우선

💡 a **primary** contractor 주요 거래 업체

the **primary** financial concern
재정상의 주요 관심사

714 *

reception

[risépʃən]

ⓝ 환영회, 접수처

receptionist ⓝ 접수원

💡 the **reception** party 환영회

sign in at a **reception** desk
접수 창구에서 서명하다

715 *

reward

[riwɔ́ːrd]

ⓝ 보상, 포상

ⓥ 보답하다

💡 as a **reward** for hard work
열심히 일한 보답으로

properly **rewarded** 적절히 보상받은

716 **

ritual

[rítʃuəl]

ⓝ (종교 등의) 의식, 행사

💡 perform religious **rituals**
종교 의식을 거행하다

717 ★★★
simultaneously
[sàiməltéiniəsli]

adv 동시에
simultaneous adj 동시의

💡 **simultaneously** exciting and demanding
재미있는 동시에 노력을 요하는

718 ★★★
spontaneous
[spɑntéiniəs]

adj 자연스러운, 자발적인
spontaneously adv 자연스럽게

💡 stand up **spontaneously** and applaud
자기도 모르게 일어나 박수를 보내다

719 ★
turnout
[tə́ːrnàut]

n 참가(자), 출석(자)

💡 expect a much higher **turnout**
참가자가 훨씬 더 많을 것으로 예상하다

720 ★★★
venue
[vénjuː]

n 개최지

💡 a **venue** for this event
이번 행사의 개최지
an ideal **venue** 이상적인 장소

Bonus VOCA

☐ **agenda** [ədʒéndə]	n. 의제
☐ **anthem** [ǽnθəm]	n. 축가, 성가
☐ **applaud** [əplɔ́ːd]	v. 박수를 보내다
☐ **artistry** [ɑ́ːrtistri]	n. 예술성
☐ **assorted** [əsɔ́ːrtid]	adj. 갖가지의
☐ **casually** [kǽʒuəli]	adv. (복장을) 캐주얼하게, 약식으로
☐ **chairperson** [tʃɛ́ərpə̀ːrsn]	n. 의장
☐ **clap** [klǽp]	v. 손뼉을 치다 n. 박수
☐ **commemorate** [kəmémərèit]	v. 기념하다
☐ **confer** [kənfə́ːr]	v. 협의[의논]하다
☐ **conference** [kɑ́nfərəns]	n. 회의, 회담
☐ **dress code**	복장 규정
☐ **engrave** [ingréiv]	v. (금속, 돌 등에) 새기다
☐ **entry** [éntri]	n. 입장, 출입
☐ **exquisite** [ékskwizit]	adj. 매우 아름다운
☐ **festivity** [festívəti]	p. 축제 행사
☐ **fortnight** [fɔ́ːrtnàit]	n. 2주일
☐ **gorgeous** [gɔ́ːrdʒəs]	adj. 화려한, 멋진
☐ **grandeur** [grǽndʒər]	n. 웅장함
☐ **invitation** [ìnvitéiʃən]	n. 초대
☐ **joint** [dʒɔ́int]	adj. 공동의
☐ **keynote address**	기조 연설

☐ **keynote speaker**	기조 연설자	
☐ **lose audience**	관객이 줄어들다	
☐ **luncheon** [lʌ́ntʃən]	n. 점심	
☐ **newcomer orientation**	신입 사원 오리엔테이션	
☐ **officiate** [əfíʃièit]	v. (식의) 사회를 보다, 집행하다	
☐ **pamphlet** [pǽmflət]	n. 소책자, 팸플릿	
☐ **panel** [pǽnl]	n. 심사 위원단	
☐ **pavilion** [pəvíljən]	n. 전시관	
☐ **perform in an auditorium**	강당에서 공연하다	
☐ **podium** [póudiəm]	n. 연단	
☐ **recess** [risés]	n. 휴회 v. 휴회하다	
☐ **recipient** [risípiənt]	n. 수상자, 수령인	
☐ **reunion** [rìːjúːnjən]	n. 모임, 동창회	
☐ **session** [séʃən]	n. (특정 활동을 위한) 기간	
☐ **sign up for**	~에 등록하다, 참가하다	
☐ **sporting event**	스포츠 행사[경기]	
☐ **superb performance**	굉장한 연주	
☐ **traditional** [trədíʃənl]	adj. 전통적인	
☐ **upcoming** [ʌ́pkʌ̀miŋ]	adj. 다가오는, 앞으로 올	
☐ **wear appropriate clothing**	적절한 옷을 입다	
☐ **well-prepared**	adj. 잘 준비된	
☐ **workshop** [wə́ːrkʃɑ̀p]	n. 연수, 워크숍	
☐ **year-end**	연말(의)	

Daily TEST

보기 속 단어의 의미를 알고 있는지 확인하고, 빈칸에 적절한 단어를 고르세요.

1 A famous actress will _____ over the opening ceremonies on Friday night.

2 All volunteers must _____ at least two hours to help set up for the conference.

3 Only those guests who RSVP will be _____ to the celebration.

4 Proceeds from the _____ will enable the school to purchase 100 new computers.

5 The _____ in the restaurant was nice with its soft light and quiet music.

6 The _____ was organized to increase support for a political cause.

7 The meeting _____ at 5:30 after six hours of discussion.

8 To _____ for the seminar, visit the website and pay the required fees.

9 To _____ in the park clean up this Saturday, call the volunteer coordinator.

10 We need to find a bigger _____ for this year's dance.

---

1. ⓘ 2. ⓓ 3. ⓑ 4. ⓖ 5. ⓒ 6. ⓕ 7. ⓐ 8. ⓔ 9. ⓗ 10. ⓙ

Day

19

사회

현대 사회의 키워드 공동체

Community

Day 19

---

721 ★★★
abandon
[əbǽndən]

ⓥ 버리다, 단념하다

💡 decide to **abandon** the plan
계획을 포기하기로 하다

---

722 ★★
accordance
[əkɔ́ːrdəns]

ⓝ 일치, 조화

accordingly `adv` 그에 따라, 적절히

💡 in **accordance** with international
law 국제법에 의해

mark the samples **accordingly**
견본품을 그에 따라 표시하다

---

723 ★★
acquaint
[əkwéint]

ⓥ 숙지시키다, 잘 알게 하다

acquaintance ⓝ 지인

💡 **acquainted** with the topic
주제에 정통한

have a wide **acquaintance**
지인이 많다

---

724 ★★★
adjacent
[ədʒéisnt]

`adj` 가까운

💡 **adjacent** to the factory 공장에 인접한

---

725 ★★
aspect
[ǽspekt]

ⓝ 관점, 양상

💡 cover all **aspects** of the issue
문제의 모든 측면을 다루다
an important **aspect** of the
development process
발전 과정의 중요한 국면

726 ★★★
bound
[báund]

adj 의무가 있는, 꼭 ~하게 되어 있는

💡 **bound** to pass the law
법안을 반드시 통과시키는

727 ★
civic
[sívik]

adj 시의, 시민의

💡 a **civic** development plan
도시 발전 계획
a coalition of **civic** organizations
시민 단체 연합

728 ★★
classified
[klǽsəfàid]

adj (항목별로) 분류된, 기밀인
classify ⓥ 분류하다
classification ⓝ 분류

💡 a **classified** section[ad]
(주제별로 분류된) 광고란
forward **classified** documents
기밀문서를 전달하다

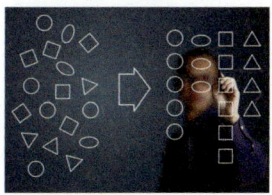

729 ★★★
collaborate
[kəlǽbərèit]

Ⓥ 협력하다
collaboration Ⓝ 협력
collaborative adj 협력적인, 합작의

💡 **collaborate** closely 긴밀히 협력하다
in **collaboration** with the
government 정부와 협력하여

730 ★★★
commitment
[kəmítmənt]

Ⓝ 약속, 책임

💡 make a **commitment** to reduce
carbon emissions
탄소 배출량을 줄이기로 약속하다

731 ★
community
[kəmjúːnəti]

Ⓝ 지역 사회, 공동체 (의식)

💡 live in a civilized **community**
문명 사회에 살다

732 ★★
conflict
Ⓝ[kánflikt]
Ⓥ[kənflíkt]

Ⓝ 충돌, 투쟁
Ⓥ 충돌하다

💡 a scheduling **conflict** 일정상의 상충
conflict with each other
서로 충돌하다

733 ★★★
consecutive
[kənsékjutiv]

adj 연속적인

consecutively adv 연속적으로

💡 for three **consecutive** years
3년 연속으로

win four games **consecutively**
4연승하다

734 ★★
consent
[kənsént]

n 동의, 허락

v 동의[찬성]하다

consensus n 일치, 합의

💡 the written **consent** of both
parties 양측의 서면 동의

consent to a suggestion
제안에 동의하다

735 ★
currently
[kə́:rəntli]

adv 현재, 일반적으로

current adj 현재의

💡 **currently** on schedule for
a January opening
1월 개장을 향해 현재 일정대로 진행 중인

currently out of stock
현재 재고가 없는

736 ★★★
disperse
[dispə́:rs]

v 해산시키다, 흩어지다

dispersion n 흩어짐

💡 **disperse** a demonstration
시위를 해산시키다

737 ★★
district
[dístrikt]

🔵 지구, 지역

💡 the heart of the commercial **district** 상업 지구의 중심
major residential **districts**
주요 주거 지역

---

738 ★★
diverse
[divə́:rs]

adj 다양한

💡 have a **diverse** range of issues
다양한 쟁점들이 있다
diverse selection standards
다양한 선발 기준

---

739 ★★
exception
[iksépʃən]

🔵 예외, 제외

exceptional adj 예외적인, 뛰어난
except prep ~을 제외하고

💡 make an **exception**
예외로 하다, 특별 취급하다
an **exceptional** case 예외적인 경우

---

740 ★★★
implement
[ímpləmənt]

🔵 실행하다, 실시하다
🔵 도구, 기구

implementation 🔵 실행, 완성

💡 **implement** plans[procedures, campaigns]
계획[절차, 운동]을 실행에 옮기다

사회

741 ★★
individual
[ìndəvídʒuəl]

adj 개개의, 하나하나의
n 개인
individuality n 개성, 개인
individually adv 개별적으로

💡 an **individual** difference 개인차

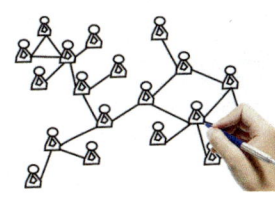

742 ★
local
[lóukəl]

adj 지역의

💡 found in the **local** newspaper
지역 신문에서 발견된

743 ★★
majority
[mədʒɔ́:rəti]

n 대부분, 대다수

💡 the absolute **majority** of the
residents 주민의 절대 다수

744 ★★★
marginal
[má:rdʒinl]

adj 가장자리의, 미미한
margin n 변두리, 여백, 여유

💡 an economically **marginal**
community 경제적으로 소외된 지역 사회
turn out to be a **marginal**
improvement
미미하게 개선된 것으로 밝혀지다

745 ★★
nurture
[nə́ːrtʃər]

Ⓥ 양육하다, 기르다

💡the duty to **nurture** your children
아이를 양육할 의무

---

746 ★★★
obligatory
[əblígətɔ̀ːri]

adj 의무적인, 필수인

oblige Ⓥ 의무적으로 ~ 하게 하다

💡make an **obligatory** promise
반드시 지켜야 하는 약속을 하다
obliged to pay taxes 의무적으로
납세를 해야 하는

---

747 ★★
obscure
[əbskjúər]

adj 분명치 않은, 모호한

Ⓥ 가리다

obscurely adv 불분명하게

💡contain so many **obscure**
references 모호한 언급이 너무 많다
speak **obscurely** 막연하게 말하다

---

748 ★
oppose
[əpóuz]

Ⓥ 반대하다

opposition ⓝ 반대, 대항

opponent ⓝ 적수, 반대자

💡**oppose** the plan 계획에 반대하다
in **opposition** to the new law
새로운 법에 반대하여
meet **opposition** 저항을 받다

749 *

organize
[ɔ́ːrɡənàiz]

Ⓥ 조직하다, (체계를) 갖추도록 하다

💡 conduct **organized** activities
조직적인 활동을 벌이다

organize a day-long safety workshop
하루 과정의 안전 워크숍을 준비하다

---

750 *

possible
[pásəbl]

adj 가능한, 있음직한

💡 **possible** opinions on the issue
문제에 대한 있음직한 의견

at the earliest **possible** time
가능한 빨리

---

751 *

progress
[prágres]

ⓝ 진보, 전진

Ⓥ 진행되다, 진척시키다

progressive adj 전진하는, 진보하는

💡 commended for impressive **progress** 놀라운 발전으로 칭찬을 받은

---

752 ***

prominent
[prámənənt]

adj 저명한, 두드러진, 중요한

prominence ⓝ 두드러짐, 걸출

💡 a socially **prominent** figure
사회적으로 저명한 인물

play a **prominent** part[role] in the party 당에서 중요한 역할을 하다

753 *
protest
[próutest]

- ⓥ 항의하다
- ⓝ 항의, 시위

protester ⓝ 시위자, 반대자

💡 **protest** against racism
인종 차별주의에 대해 항의하다
without **protest** 저항 없이

---

754 **
randomly
[rǽndəmli]

- adv 무작위로, 임의로

💡 **randomly** selected 무작위로 선발된

---

755 ***
restrict
[ristríkt]

- ⓥ 제한[한정]하다

restriction ⓝ 제한, 한정
restrictive adj 제한하는

💡 impose **restrictions** 제한하다
a **restricted** area 통제 구역

---

756 *
right
[ráit]

- ⓝ 권리, 소유권
- adv 바로, 곧

💡 exercise their **right** to vote
투표권을 행사하다

사회

757 ★★
seemingly
[síːmiŋli]

adv 겉으로는, 표면상
seeming adj 겉으로의, 그럴듯한

💡 **seemingly** unimportant
documents 겉보기에 중요하지 않은 문서들

758 ★★★
segment
[ségmənt]

n 부분, 조각

💡 a large **segment** of the population
인구의 상당 부분을 차지하는 집단

759 ★★★
transparent
[trænspέərənt]

adj 투명한, 명쾌한
transparency n 투명(성)

💡 in a **transparent** and accountable
way 투명하고 타당한 방법으로

760 ★
volunteer
[vὰləntíər]

v 자원하다
n 지원자, 자원봉사자

💡 **volunteer** for military service
군에 자원하다

Bonus VOCA

- **amenity** [əménəti]   p. 편의 시설
- **approach** [əpróutʃ]   v. 다가가다, 접근하다   n. 접근(법)
- **aspiration** [æ̀spəréiʃən]   n. 염원, 열망
- **barrier** [bǽriər]   n. 장애, 장벽
- **beware** [biwɛ́ər]   v. 조심하다
- **cause** [kɔ́ːz]   n. 대의, 원인, 이유
- **childcare** [tʃáildkɛ̀ər]   n. 육아, 보육
- **collide** [kəláid]   v. 충돌하다
- **contemporary** [kəntémpərèri]   adj. 동시대의
- **development** [divéləpmənt]   n. 발달, 개발
- **discrepancy** [diskrépənsi]   n. 불일치, 모순
- **discrimination** [diskrìmənéiʃən]   n. 차별
- **disinterested** [disíntərèstid]   adj. 공평한
- **dysfunction** [disfʌ́ŋkʃən]   n. (사회적) 역기능
- **enlightening** [inláitəniŋ]]   adj. 계몽적인, 밝혀 주는
- **ethics** [éθiks]   n. 윤리(학)
- **gender** [dʒéndər]   n. 성(性)
- **hold back**   저지하다, 방해하다
- **household** [háushòuld]   n. 가족, 집안 식구
- **housing development**   (계획적으로 건설된) 주택 단지

☐ **implant** [implǽnt]	v. (사상을) 심어주다, 이식하다
☐ **in common**	공동으로
☐ **infuriate** [infjúərèit]	v. 격앙시키다, 극도로 화나게 하다
☐ **in the vicinity of**	~의 부근에
☐ **literacy campaign**	문맹 퇴치 캠페인
☐ **mingle** [míŋgl]	v. 섞이다
☐ **neighboring** [néibəriŋ]	adj. 이웃의, 근처의
☐ **orthodox** [ɔ́ːrθədɑ̀ks]	adj. 정통적인
☐ **pity** [píti]	n. 유감, 동정
☐ **prevailing idea**	일반적인 의견
☐ **prototype** [próutətàip]	n. 모델, 본보기
☐ **province** [prɑ́vins]	n. 지방, 지역
☐ **radical** [rǽdikəl]	adj. 근본적인, 급격한
☐ **reassure** [rìːəʃúər]	v. 안심시키다
☐ **region** [ríːdʒən]	n. 지역
☐ **rejuvenate** [ridʒúːvənèit]	v. 다시 활기를 띠게 하다
☐ **relocate** [rìːloukéit]	v. 이주하다, 다시 배치하다
☐ **restore** [ristɔ́ːr]	v. 회복시키다, 복원하다
☐ **run a campaign**	캠페인을 벌이다
☐ **social responsibility**	사회적 책임
☐ **society** [səsáiəti]	n. 사회, 협회
☐ **square** [skwɛ́ər]	n. 광장
☐ **welfare** [wélfɛ̀ər]	n. 복지

Daily TEST

보기 속 단어의 의미를 알고 있는지 확인하고, 빈칸에 적절한 단어를 고르세요.

ⓐ accordance ☐   ⓑ adjacent ☐   ⓒ consecutive ☐
ⓓ consent ☐   ⓔ local ☐   ⓕ marginal ☐
ⓖ prominent ☐   ⓗ restrict ☐   ⓘ right ☐
ⓙ segment ☐

1   All people should have the _____ to express their ideas freely.

2   All residents are required to maintain their homes in _____ with neighborhood code.

3   City codes _____ residents from playing loud music after 10:00 at night.

4   For ten _____ years, the Moore family has won the award for the most beautiful garden.

5   Mr. James, a successful businessman, is a(n) _____ figure in town.

6   The library _____ to the school allows students to borrow books during class.

7   The more _____ members of society often suffer from poverty and persecution.

8   The wealthiest _____ of the population should pay more in taxes than the poor.

9   To support the _____ economy, you should buy from small, family-owned businesses.

10 With my neighbor's _____, I erected a new fence between our homes.

1. ⓘ   2. ⓐ   3. ⓗ   4. ⓒ   5. ⓖ   6. ⓑ   7. ⓕ   8. ⓙ   9. ⓔ   10. ⓓ

Day

20

교통 · 주거

나에게만은 쉽지 않은 출퇴근

Transportation & Residence

761 *
accident
[ǽksidənt]

ⓝ 우연, 사고
accidental adj 우연한
accidentally adv 우연히, 실수로
💡 by accident 우연히
without accident 무사히

---

762 *
burst
[bə́:rst]

ⓝ 파열, 돌발
ⓥ 파열하다, 갑자기 ~하다
💡 a burst pipe 수도관 파열
burst open 벌컥 열리다

---

763 **
commute
[kəmjú:t]

ⓝ 통근, 통학
ⓥ 통근[통학]하다
💡 one hour daily commute
매일 한 시간씩 걸리는 출퇴근
commute to work by bicycle
자전거를 타고 통근하다

---

764 *
complicated
[kámpləkèitid]

adj 복잡한, 이해하기 어려운
complication ⓝ 복잡한 상태
💡 a complicated set of tax laws
복잡한 세법

765 ★★★

compulsory

[kəmpʌ́lsəri]

adj 의무적인

compel ⓥ 강요하다

compulsion ⓝ 강제

💡 **compulsory** car parking charges
의무 주차 요금

by **compulsion** 강제적으로

---

766 ★★★

congestion

[kəndʒéstʃən]

ⓝ (교통의) 혼잡, 정체

congested adj 혼잡한, 정체된

💡 cause traffic **congestion**
교통 혼잡을 야기하다

alleviate **congestion** caused by
a flight delay
비행 지연으로 인한 혼잡을 줄이다

---

767 ★★

densely

[dénsli]

adv 밀집하여

dense ⓐ 빽빽한, 밀집한

density ⓝ 밀도

💡 **densely** populated 인구가 밀집한

---

768 ★★

dwell

[dwél]

ⓥ 거주하다

dwelling ⓝ 주거(지), 주택

💡 **dwell** in remote areas
외딴 지역에 거주하다

a **dwelling** shortage 주택 부족

769 ★
evidence
[évədəns]

ⓝ 증거, 흔적
evident adj 분명한

💡 firm **evidence** 확실한 증거
evident from the start 처음부터 명백한

---

770 ★★
fine
[fáin]

ⓝ 벌금
ⓥ 벌금을 부과하다

💡 pay a **fine** 벌금을 내다
fined for speeding
과속으로 벌금이 부과된

---

771 ★★★
imminent
[ímənənt]

adj 절박한

💡 in **imminent** danger
절박한 상황에 처한

---

772 ★
install
[instɔ́ːl]

ⓥ 설치하다
installation ⓝ 설치, 장비
installment ⓝ 할부

💡 a newly **installed** operating
system 새롭게 설치된 운영 시스템

773 ✶

insult
ⓥ [insʌ́lt]
ⓝ [ínsʌlt]

ⓥ 모욕하다
ⓝ 모욕적인 말[행동]

💡 feel **insulted** by the offer
제안에 모욕감을 느끼다

---

774 ✶✶

intentional
[inténʃənl]

adj 고의적인, 의도적인
intend ⓥ ~할 작정이다, 의도하다
intention ⓝ 의도, 고안, 기획

💡 an **intentional** experiment or
a simple accident
의도적인 실험 또는 단순 사고
without **intention** 우연히

---

775 ✶✶✶

involve
[inválv]

ⓥ 포함시키다, 관련시키다
involved adj 관계된, 연루된

💡 **involved** in a car accident
자동차 사고를 당한

---

776 ✶

lack
[lǽk]

ⓝ 부족, 결핍
ⓥ 모자라다

💡 a **lack** of detailed information
세부 정보의 부족

777 *
leak
[líːk]

ⓝ 새는 곳, 누출
ⓥ 새다, 누출시키다
leakage ⓝ 누출, 누설
leaky adj (액체 등이) 새는
💡 check for **leaks**
새는 곳이 없는지 확인하다

---

778 **
lease
[líːs]

ⓝ 임대(차) 계약
ⓥ 임대하다, 임차하다
💡 for **lease** 임대용으로
lease a used car 중고차를 임대하다

---

779 *
lodge
[ládʒ]

ⓥ 머무르다, 체류하다
ⓝ 오두막, 숙소, (건물의) 수위실
lodging ⓝ 숙박, 하숙
💡 **lodge** in a hotel 호텔에 머무르다

---

780 ***
maintenance
[méintənəns]

ⓝ 관리, 유지
maintain ⓥ 관리하다, 유지하다
💡 a regular **maintenance** check
정기 점검

781 ★★★

observance
[əbzə́ːrvəns]

- ⓝ (법 등의) 준수, (기념일 등의) 축하
- observe ⓥ 준수하다
- observation ⓝ 관찰

💡 **observance** of the building code
건축법 준수
in **observance** of Labor Day
노동절을 기념하여

---

782 ★★

outage
[áutidʒ]

- ⓝ 공급 중단, 사용 정지

💡 an electrical power **outage**[failure]
정전

---

783 ★

pavement
[péivmənt]

- ⓝ 포장 도로, 인도
- pave ⓥ (길을) 포장하다

💡 a concrete **pavement**
콘크리트 포장 도로
pave a road with asphalt
도로를 아스팔트로 포장하다

---

784 ★★

pedestrian
[pədéstriən]

- ⓝ 보행자
- adj 보행(자)의

💡 a **pedestrian** walkway 보행자 도로
the amount of car and **pedestrian**
traffic 차와 보행자의 통행량

785 ★★
prohibit
[prouhíbit]

Ⓥ 금지하다, 방해하다
prohibition Ⓝ 금지

💡 **prohibit** unauthorized entrance
무단 침입을 금지하다
a **prohibition** on smoking on
buses 버스 내 흡연 금지

786 ★
promptly
[prámptli]

adv 신속히, 즉시
prompt adj 신속한, 즉각적인

💡 report to the police **promptly**
경찰에 즉시 신고하다

787 ★★
renovate
[rénəvèit]

Ⓥ 새롭게 단장하다, 개축하다, 혁신하다
renovation Ⓝ 수리, 수선

💡 recently **renovated** 최근에 개조된
closed for **renovation**
수리를 위해 휴업한

788 ★
rent
[rént]

Ⓝ 임대(료), 집세
Ⓥ 임대하다

💡 a house for **rent** 셋집
pay **rent** 집세를 내다

789 ★★
residence
[rézədəns]

- 🄝 주택, 거주(지)
- reside ⓥ 거주하다
- resident 🄝 거주자, 주민

💡 the official **residence** of the ambassador 대사의 관저
foreign **residents** 체류 외국인

---

790 ★★★
scrutinize
[skrú:tənàiz]

- ⓥ 유심히 보다, 세밀히 조사하다
- scrutiny 🄝 정밀 조사, 철저한 검토

💡 **scrutinize** the engine of the car
차의 엔진을 자세히 들여다보다

---

791 ★★★
sobriety
[səbráiəti]

- 🄝 술 취하지 않은 상태, 냉철함
- sober adj 술 취하지 않은, (판단이) 냉정한

💡 a **sobriety** test 음주 테스트
sober-minded 분별 있는

---

792 ★★
tenant
[ténənt]

- 🄝 세입자

💡 guarantee the comfort of all
tenants 모든 세입자의 편안함을 보장하다

793 ⭐⭐
thoroughly
[θə́ːrouli]

`adv` 완전히, 철저히
thorough `adj` 철저한, 완전한

💡 analyze[review, check] **thoroughly**
철저하게 분석[검토, 확인]하다

---

794 ⭐
transportation
[trænspərtéiʃən]

`n` 수송 (기관), 운송

💡 public **transportation** 대중교통
airport-to-hotel **transportation**
service 공항 호텔 간 셔틀 서비스

---

795 ⭐⭐
unoccupied
[ʌnákjupàid]

`adj` (집 등이) 비어 있는

💡 remain **unoccupied**
비어 있는 상태다

---

796 ⭐⭐
utility
[juːtíləti]

`adj` 공공사업의, 다용도의
`n` (전기, 가스 등의) 공익 설비, 유용
utilize `v` 이용하다, 활용하다

💡 pay **utility** bills 공과금을 납부하다
a **utility** room 다용도실

797 ★★
vacate
[véikeit]

Ⓥ (집, 방을) 비우다

💡 **vacate** a room temporarily
방을 임시로 비우다

---

798 ★
vehicle
[víːikl]

ⓝ 차량, 운송 수단

💡 **vehicle** safety 차량 안전
vehicle insurance 자동차 보험

---

799 ★★★
ventilation
[vèntəléiʃən]

ⓝ 통풍, 환기
ventilate Ⓥ 환기시키다

💡 have good **ventilation** 환기가 잘 되다
ventilation equipment 환기 설비

---

800 ★
violate
[váiəlèit]

Ⓥ 위반하다, 방해하다
violation ⓝ 위반, 방해, 침입

💡 **violate** the speed limit
제한 속도를 위반하다
a parking **violation** 주차 위반

Bonus VOCA

☐ **avenue** [ǽvənjùː]	n. (거리 명칭으로) ~가
☐ **backseat** [bǽksíːt]	n. 뒷자리
☐ **bicycle rack**	자전거 보관대
☐ **bumper-to-bumper**	(교통이) 정체된
☐ **bypass** [báipæ̀s]	n. 우회로 v. 우회하다
☐ **capsize** [kǽpsaiz]	v. 뒤집다, 전복시키다
☐ **carriage** [kǽridʒ]	n. 탈것
☐ **conductor** [kəndʌ́ktər]	n. (버스 등의) 차장
☐ **cross the intersection**	교차로를 건너다
☐ **curved** [kə́ːrvd]	adj. 구부러진, 곡선 모양의
☐ **detour** [díːtuər]	n. 우회로 v. 우회하다
☐ **distance** [dístəns]	n. 거리, 먼 곳
☐ **down payment**	계약금
☐ **driveway**	n. (주택의) 차 진입로
☐ **exterior** [ikstíəriər]	adj. 외부의 n. 외관
☐ **fare** [fέər]	n. 요금
☐ **flat** [flǽt]	adj. (타이어에) 펑크가 난
☐ **free parking**	무료 주차
☐ **gather speed**	속력을 높이다
☐ **get a ride**	차를 얻어 타다
☐ **identification badge**	신분증
☐ **janitor** [dʒǽnitər]	n. (건물) 관리인
☐ **landlord** [lǽndlɔ̀ːrd]	n. 집주인

☐ **lane** [léin]	n. 차선	
☐ **lock the key in the car**	열쇠를 차 안에 두고 문을 잠그다	
☐ **mileage** [máilidʒ]	n. 주행 거리	
☐ **mobility** [moubíləti]	n. 이동성	
☐ **offend** [əfénd]	v. (규칙을) 위반하다	
☐ **outlying** [áutlàiiŋ]	adj. 외진, 변경의	
☐ **porch** [pɔ́:rtʃ]	n. 현관	
☐ **railing** [réiliŋ]	n. 난간	
☐ **rear** [ríər]	n. 뒤	
☐ **rooftop** [rú:ftàp]	n. 지붕, 옥상	
☐ **rural** [rúərəl]	adj. 시골의, 전원의	
☐ **rustic** [rʌ́stik]	adj. 시골의, 소박한	
☐ **shortcut** [ʃɔ́:rtkʌ̀t]	n. 지름길	
☐ **space-saving**	공간 절약의	
☐ **spare** [spέər]	adj. 예비의, 여분의 v. 할애하다	
☐ **standstill** [stǽndstìl]	n. 정지	
☐ **steer** [stíər]	v. 조종하다	
☐ **suburb** [sʌ́bə:rb]	n. 교외	
☐ **toll** [tóul]	n. 운임료, 요금	
☐ **tow** [tóu]	v. 견인하다	
☐ **traffic jam**	교통 정체	
☐ **urban** [ə́:rbən]	adj. 도시의	
☐ **van** [vǽn]	n. 밴, 승합차	

Daily TEST

보기 속 단어의 의미를 알고 있는지 확인하고, 빈칸에 적절한 단어를 고르세요.

ⓐ commute ☐　ⓑ congestion ☐　ⓒ leaky ☐
ⓓ lodging ☐　ⓔ maintenance ☐　ⓕ paved ☐
ⓖ residence ☐　ⓗ tenants ☐　ⓘ vacated ☐
ⓙ ventilation ☐

1　A(n) _____ pipe caused considerable water damage over a period of several years.

2　Drivers on Interstate 4 will encounter _____ near exit 23.

3　Faulty _____ systems can create a safety hazard and cause energy costs to go up.

4　On this small island, _____ is only available in the largest town.

5　Proper home _____ requires a great deal of time and money.

6　The gravel roads were _____ three years ago to make the area more accessible.

7　The new _____ paid their deposit and will be given the keys on Thursday.

8　The owner _____ the property without removing their furniture and trash.

9　This _____ suffered minor water damage during the flood last year.

10　This is a great neighborhood, but living here will lengthen your daily _____.

1. ⓒ　2. ⓑ　3. ⓙ　4. ⓓ　5. ⓔ　6. ⓕ　7. ⓗ　8. ⓘ　9. ⓖ　10. ⓐ

Day

21

법

토익에는 적게 나와도
꼭 알아야 할 어휘
Law

Day **21**

QR코드로 영미 발음을 확인하세요.

801 ★★
abuse
ⓝ [əbjúːs]
ⓥ [əbjúːz]

ⓝ 남용
ⓥ 남용하다, 학대하다
💡 chemical[drug] abuse 약물 남용
child abuse 아동 학대

802 ★★★
accomplice
[əkámplis]

ⓝ 공범자
💡 an unwitting accomplice
자신도 모르는 사이에 된 공범자

803 ★
accuse
[əkjúːz]

ⓥ 고발하다
💡 accuse a man of theft
남자를 절도죄로 고발하다

804 ★★★
allegedly
[əlédʒidli]

adv 주장하는 바에 따르면
alleged adj (증거 없이) 주장된
💡 allegedly involved in the case
사건에 연루된 것으로 알려진

805 ★★
amnesty
[金mnəsti]

🄝 사면

💡 grant **amnesty** to criminals
범죄자들을 사면하다

---

806 ★
appeal
[əpíːl]

🅥 항소하다, 호소하다

🄝 항소, 호소

💡 **appeal** against the sentence
판결에 대해 항소하다

file an **appeal** 항소를 제기하다

---

807 ★★★
apprehensive
[æprihénsiv]

adj 우려하는

apprehend 🅥 (범인을) 체포하다

💡 **apprehensive** for her safety
그녀의 안전을 염려하는

Day 21

따

---

808 ★★
brutal
[brúːtl]

adj 잔혹한, 무자비한

💡 commit a **brutal** crime
잔혹한 범죄를 저지르다

809 ★★

commit

[kəmít]

ⓥ (범죄 등을) 저지르다, 약속하다

commitment ⓝ 연루, 개입, 공약, 헌신

💡 **commit** murder 살인을 저지르다

committed to cutting greenhouse gas emissions

온실 가스 배출 감소를 약속하는

810 ★★★

comply

[kəmplái]

ⓥ 따르다, (법, 규칙 등을) 준수하다

compliance ⓝ (명령, 법규의) 준수

compliant adj 유순한, 고분고분한

💡 **comply** with business practices

사업 관행을 따르다

in full **compliance** with the regulations 규정을 완전히 준수하여

811 ★★★

convict

[kənvíkt]

ⓥ 유죄를 선고하다, 판결하다

💡 a **convicted** murderer

유죄 선고를 받은 살인범

812 ★★★

counterfeit

[káuntərfit]

adj 위조의, 모조의

ⓥ 위조하다

💡 **counterfeit** 100 bills

100달러짜리 위조지폐

813 ★★
custody
[kʌ́stədi]

ⓝ 감금, 구류

💡 take the suspect into **custody**
용의자를 구금하다

814 ★
effect
[ifékt]

ⓝ (법률 등의) 효력, 효과

ⓥ (변화를) 초래하다

effective `adj` 유효한, 효과적인

💡 come[go] into **effect** 발효되다

effective as of today
오늘부터 시행되는

815 ★★★
embezzle
[imbézl]

ⓥ 횡령하다

embezzlement ⓝ (위탁금 등의) 도용,
횡령

💡 **embezzle** public money
공금을 횡령하다

816 ★★★
enactment
[inǽktmənt]

ⓝ 법률 제정, 입법

enact ⓥ (법을) 제정하다

💡 push for the **enactment** of
a special law 특별법 제정을 추진하다

817 ★★★
exempt
[igzémpt]

`adj` 면제된, ~이 없는

`v` 면제하다

exemption `n` 면제

💡 a tax-**exempt** organization 면세 단체
exempted from military service
군 복무를 면제받은

---

818 ★
fair
[fέər]

`adj` 공정한

fairly `adv` 상당히, 공평하게

💡 the right to a **fair** trial
공정한 재판을 받을 권리
enforce the law **fairly**
공정하게 법을 집행하다

---

819 ★
fake
[féik]

`adj` 가짜의

`v` 위조하다, 속이다

`n` 모조품

💡 **fake** money 위조지폐
fake surprise 놀란 척하다

---

820 ★★★
forbid
[fərbíd]

`v` 금지하다, 방해하다

💡 **forbid** him from leaving the
country
출국을 금지하다

821 ★
force
[fɔ́ːrs]

ⓥ 강요하다

ⓝ 힘, 영향력

💡 **force** a suspect to confess
용의자가 자백하도록 하다

822 ★★★
fraud
[frɔ́ːd]

ⓝ 사기, 기만

fraudulent `adj` 사기의, 부정의

💡 currency **fraud** 통화 위조
fraudulent accounting 불법 회계

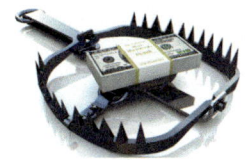

823 ★
illegal
[ilíːgəl]

`adj` 불법의

illegally `adv` 불법적으로

💡 **illegal** abortion 불법 낙태
an **illegal** immigrant 불법 이민자

824 ★★
improper
[imprápər]

`adj` 부적절한, 잘못된

improperly `adv` 부적절하게

💡 the **improper** use of public funds
공금의 부적절한 사용
an **improper** operation 부적절한 운영

825 ★★★
inflict
[inflíkt]

- ⓥ (괴로움, 고통 등을) 가하다
- 💡 **inflict** corporal punishment on children 어린아이들을 체벌하다

---

826 ★★
inspect
[inspékt]

- ⓥ 면밀히 조사하다, 검사하다
- inspection ⓝ 조사, 점검
- inspector ⓝ 조사자, 검사관
- 💡 **inspect** closely[thoroughly] 세밀히 조사하다
  undergo an **inspection** 조사하다

---

827 ★★
investigation
[invèstəgéiʃən]

- ⓝ 조사
- investigate ⓥ 조사하다
- investigative adj 조사의
- 💡 conduct an **investigation** 조사하다
  investigate the cause of the accident 사고의 원인을 조사하다

---

828 ★
judge
[dʒʌ́dʒ]

- ⓥ 재판하다, 판단하다
- ⓝ 판사
- judgment ⓝ 판단
- 💡 **judge** by the evidence so far 지금까지의 증거로 판단하다
  a sense of **judgment** 판단력

829 ★★
justify
[ʤʌ́stəfài]

ⓥ 정당화하다

💡 the law to **justify** violence
폭력을 정당화하는 법규
justify her behavior
그녀의 행위를 정당화하다

830 ★★★
legislation
[lèʤisléiʃən]

ⓝ 법률, 법규

legislate ⓥ 법률을 제정하다

legislator ⓝ 입법자

legislative adj 입법상의

💡 pass **legislation** 법안을 통과시키다
legislate against slavery
노예 금지법을 제정하다

831 ★★
legitimate
[liʤítəmit]

adj 합법적인

legitimacy ⓝ 합법성

legitimation ⓝ 합법화

💡 in a **legitimate** way 합법적으로
without **legitimacy** 정당성 없이

832 ★★★
loot
[lúːt]

ⓥ 약탈하다, 훔치다

ⓝ 훔친 돈[물건]

💡 get back **looted** relics
약탈당한 유물을 되찾다

sentence
[séntəns]

- ⓥ 판결을 내리다
- ⓝ 판결, 형벌
- 💡 **sentenced** to death 사형 선고를 받은
  get a heavy **sentence**
  무거운 형을 받다

---

834 ★

state
[stéit]

- ⓥ 진술하다
  statement ⓝ 진술(서), 성명(서)
- 💡 **state** firmly 단호하게 진술하다
  make a **statement** to the press
  언론에 성명서를 발표하다

---

835 ★★★

stringent
[stríndʒənt]

- adj 엄격한, (자금이) 절박한
  stringency ⓝ 엄중함, 자금 핍박
- 💡 a **stringent** inspection process
  엄격한 조사 과정
  financial **stringency** 자금난

---

836 ★★★

sue
[súː]

- ⓥ (~로) 고소하다, 소송을 제기하다
- 💡 **sue** for divorce 이혼을 청구하다

837 *

suspect
ⓝ[sʌ́spekt]
ⓥ[səspékt]

ⓝ 용의자
ⓥ 짐작하다
suspicion ⓝ 의심
suspicious adj 의심하는

💡 arrest a **suspect** 용의자를 체포하다
suspicious behavior 의심스러운 행동

---

838 ***

testimony
[téstəmòuni]

ⓝ 증언, 증거
testimonial ⓝ 추천장

💡 give **testimony** in court
법정에서 증언하다
including **testimonials** from the
current foster owner
현 위탁 부모의 추천장을 포함하여

---

839 **

trespass
[tréspəs]

ⓥ (남의 땅에) 침입하다, (권리를) 침해하다
ⓝ 무단 침입

💡 **trespass** on private property
사유지에 불법 침입하다

---

840 ***

verdict
[və́ːrdikt]

ⓝ (법정에서의) 평결

💡 accept a **verdict** 판결을 받아들이다

☐ **attorney** [ətə́:rni]	n. 변호사
☐ **bootleg** [bú:tlèg]	v. 밀매하다
☐ **case** [kéis]	n. 사건, 경우
☐ **clause** [klɔ́:z]	n. (조약, 법률의) 조항
☐ **code** [kóud]	n. 규범, 관례
☐ **come into a legacy**	유산을 상속받다
☐ **constitution** [kὰnstitjú:ʃən]	n. 헌법
☐ **curb** [kə́:rb]	n. 구속, 제한 v. 억제하다
☐ **death penalty**	사형
☐ **defendant** [diféndənt]	n. 피고
☐ **detective** [ditéktiv]	n. 형사, 탐정
☐ **detention** [diténʃən]	n. 구치, 구금
☐ **equity** [ékwəti]	n. 공평, 공정
☐ **escape** [iskéip]	v. 달아나다, 벗어나다
☐ **falsify** [fɔ́:lsəfài]	v. 위조하다, 속이다
☐ **foil** [fɔ́il]	v. (불법적인 일을) 저지하다
☐ **hand down a legacy**	유산을 물려주다
☐ **impair** [impέər]	v. 손상시키다
☐ **impartially** [impɑ́:rʃəli]	adv. 공평하게
☐ **impound** [impáund]	v. (물건을) 압수하다
☐ **indict** [indáit]	v. 기소하다
☐ **in-law**	인척 관계의

☐ **kidnap** [kídnæp]	v. 유괴하다
☐ **lawsuit** [lɔ́ːsùːt]	n. 소송, 고소
☐ **legal counsel**	법률 상담
☐ **legal guardian**	법정 후견인
☐ **off-limits**	출입 금지의
☐ **on duty**	근무 중인
☐ **ordinance** [ɔ́ːrdənəns]	n. 법령, 명령
☐ **penalize** [píːnəlàiz]	v. 벌하다
☐ **penalty** [pénəlti]	n. 벌금
☐ **petition** [pətíʃən]	n. 탄원서 v. 탄원하다
☐ **pickpocket** [píkpàkit]	n. 소매치기
☐ **proof** [prúːf]	n. 증거
☐ **provision** [prəvíʒən]	n. 조항, 규정
☐ **punishment** [pʌ́niʃmənt]	n. 형벌, 처벌
☐ **recrimination** [rikrìmənéiʃən]	n. 맞고소, 맞비난
☐ **self-defense**	자기 방어, 정당방위
☐ **shoplift**	v. (가게에서) 물건을 훔치다
☐ **smuggle** [smʌ́gl]	v. 밀수하다
☐ **software piracy**	소프트웨어 불법 복제
☐ **take legal action**	법적 조치를 취하다
☐ **trace** [tréis]	v. 추적하다
☐ **trap** [trǽp]	v. 함정에 빠뜨리다, 가두다

Daily TEST

보기 속 단어의 의미를 알고 있는지 확인하고, 빈칸에 적절한 단어를 고르세요.

ⓐ accomplice ☐	ⓑ accused ☐	ⓒ allegedly ☐
ⓓ committed ☐	ⓔ counterfeit ☐	ⓕ custody ☐
ⓖ effective ☐	ⓗ embezzled ☐	ⓘ fraud ☐
ⓙ investigation ☐		

1　Mr. Donaldson ＿＿＿＿＿ stole a car, but this hasn't been proven.

2　Police believe the bank robber had a(n) ＿＿＿＿＿ who helped him flee the scene.

3　The employee ＿＿＿＿＿ thousands of dollars from the bank over six years.

4　The ＿＿＿＿＿ dragged on for three years and uncovered few clues or leads.

5　The man was falsely ＿＿＿＿＿ of the crime and freed from prison after a year.

6　＿＿＿＿＿ immediately, jurors cannot speak about this case to anyone.

7　The detectives could only hold the suspect in ＿＿＿＿＿ for 24 hours before charging him.

8　The man's wife said he couldn't have ＿＿＿＿＿ the crime because he was at church.

9　The woman used ＿＿＿＿＿ money to purchase a boat and a second home.

10　Three months after losing her wallet, Becky realized she'd been the victim of identity ＿＿＿＿＿.

---

1. ⓒ　2. ⓐ　3. ⓗ　4. ⓙ　5. ⓑ　6. ⓖ　7. ⓕ　8. ⓓ　9. ⓔ　10. ⓘ

Day

22

식당
다 먹고 살자고 하는 일
Food & Restaurant

---

841 ★★
artificial
[àːrtəfíʃəl]

`adj` 인공의, 인공적인
artificially `adv` 인공적으로

💡 **artificial** additives 인공 첨가물
artificially sweetened beverages
인공 감미료가 들어간 음료

---

842 ★
banquet
[bǽŋkwit]

`n` 연회, 축하연

💡 attend a **banquet** 연회에 참석하다

---

843 ★
bill
[bíl]

`n` 계산서, 청구(서)
`v` 청구서를 보내다

💡 get the **bill** 음식값을 내다
pay the electric **bill** on time
제때 전기 요금을 지불하다

---

844 ★
boiling
[bɔ́iliŋ]

`adj` (날씨가) 찌는 듯한, (음식이) 끓는

💡 the **boiling** water on the stove
가스레인지 위의 끓는 물
a **boiling** hot day 찌는 듯이 더운 날씨

845 *
book
[búk]

ⓥ 예약하다
booking ⓝ 예약

💡 **book** a table for three
세 명 앉을 자리를 예약하다
make a **booking** 예약을 하다

846 *
cancel
[kǽnsəl]

ⓥ 취소하다, 삭제하다
cancellation ⓝ 취소, 해제

💡 **cancel** the order 주문을 취소하다
a **cancellation** fee 취소 수수료

847 ***
cater
[kéitər]

ⓥ 음식물을 공급하다
caterer ⓝ 출장 연회 업체
catering ⓝ 출장 연회업

💡 **cater** for the party
파티를 위해 음식을 준비하다
food poisoning presumably
caused by **catered** sushi
연회 음식으로 마련된 스시로 인해 발병한
것으로 보이는 식중독

Day 22

식음

848 **
cloakroom
[klóukrùːm]

ⓝ (식당, 극장의) 휴대품 보관소

💡 a **cloakroom** attendant
휴대품 보관소 안내원

849 ★★★
compliment
[kámpləmənt]

ⓝ 칭찬, 찬사

ⓥ 칭찬하다

complimentary 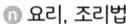 무료의, 칭찬의

💡 make a **compliment** to the waiter
웨이터를 칭찬하다

a **complimentary** coupon 무료 쿠폰

---

850 ★★
cuisine
[kwizíːn]

ⓝ 요리, 조리법

💡 haute **cuisine** 최고급 요리

---

851 ★★★
culinary
[kjúːlənèri]

adj 요리의

💡 **culinary** utensils 조리용 기구
culinary skills 요리 기술

---

852 ★★
decaffeinated
[diːkǽfənèitid]

adj 카페인을 제거한

💡 drink **decaffeinated** coffee
카페인이 없는 커피를 마시다

853 *
entertain
[èntərtéin]

ⓥ 대접하다, 즐겁게 하다

entertaining　adj　재미있는, 유쾌한

💡 **entertain** guests with a variety of food options
다양한 음식으로 손님을 접대하다

854 *
flavor
[fléivər]

ⓝ 맛, 풍미

💡 add **flavor** to foods 음식에 맛을 더하다

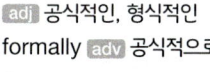

855 *
formal
[fɔ́:rməl]

adj　공식적인, 형식적인

formally　adv　공식적으로

💡 a **formal** dinner 정식 만찬
dress **formally** 정장을 입다

856 ***
garnish
[gá:rniʃ]

ⓥ (음식을) 장식하다

ⓝ 장식물

💡 **garnish** a dish with sliced garlic
얇게 썬 마늘을 요리에 곁들이다

Day 22

식품

857 ★★★
gourmet
[gúərmei]

adj 미식가의, 미식가를 위한

n 미식가

💡 prepare a **gourmet** meal
고급 요리를 준비하다

---

858 ★★
hospitality
[hàspətǽləti]

n 환대, 친절한 대접, (호텔, 음식점 등의) 접객업

hospitable adj 환대하는

💡 appreciate the warm **hospitality**
따뜻하게 환대해 준 것을 고맙게 여기다

the **hospitality** industry 서비스업

---

859 ★★★
indigenous
[indídʒənəs]

adj 지역 고유의, 토착의

💡 dishes **indigenous** to Korea
한국 고유의 음식

indigenous people 토착민

---

860 ★
ingredient
[ingrí:diənt]

n (음식) 재료

💡 provide **ingredients** for local restaurants
지역 식당에 음식 재료를 공급하다

861 ★
interrupt
[ìntərʌ́pt]

ⓥ 방해하다, 중단하다
interruption ⓝ 방해, 중단

💡 **interrupt** a conversation
대화를 중단시키다
without **interruption** of service
휴업하지 않고

---

862 ★
leftover
[léftòuvər]

adj 남은
ⓟ 남은 음식

💡 take **leftovers** home
남은 음식을 집으로 가져가다

---

863 ★★
mature
[mətʃúər]

adj (와인 등이) 숙성된, (사람이) 원숙한
ⓥ (와인, 치즈 등이) 숙성하다, 어른이 되다

💡 **mature** wine 숙성된 포도주
emotionally **mature** 정서적으로 성숙한

---

864 ★★
nutrition
[njuːtríʃən]

ⓝ 영양
nutritious adj 영양분이 많은
nutritionist ⓝ 영양사

💡 proper[good] **nutrition**
적당핸[충분한] 영양
highly **nutritious** and low-calorie
food 영양가가 높고 저칼로리인 음식

865 ★★★
perishable
[périʃəbl]

adj (음식 등이) 상하기 쉬운

n 썩기 쉬운 것

💡 refrigerate **perishable** foods
상하기 쉬운 음식을 냉장하다

---

866 ★
politely
[pəláitli]

adv 공손히, 예의 바르게

polite adj 공손한

💡 reassure upset customers **politely**
화가 난 고객들을 공손하게 안심시키다
greet in a **polite** manner
정중히 인사하다

---

867 ★
pour
[pɔ́ːr]

v 따르다, 붓다

💡 **pour** the sauce into a saucepan
소스를 냄비에 붓다
pour coffee for the others
사람들에게 커피를 따라 주다

---

868 ★
raw
[rɔ́ː]

adj 익히지 않은, 날것의, 가공하지 않은

💡 **raw** meat 생고기
raw material 원자재

869 *
reservation
[rèzərvéiʃən]

🔘 예약, 보류
reserve ⓥ 예약하다, 보류하다 🔘 비축(물)
reserved adj 예약된, 남겨 둔

💡 make an advance **reservation**
사전 예약을 하다
a **reserved** parking area
지정된 주차 구역

870 *
seating
[síːtiŋ]

🔘 좌석 (배열)

💡 the **seating** arrangement for the
wedding 결혼식을 위한 좌석 배치

871 **
serving
[sə́ːrviŋ]

🔘 (음식의) 1인분

💡 enough for two **servings**[helping,
portion] 2인분으로 충분한

Day 22
식당

872 *
sift
[síft]

ⓥ 체로 치다

💡 **sift** flour 밀가루를 체로 치다
sift out the lumps 덩어리를 체로 치다

873 ★
sip
[síp]

💡 ⓥ (음료를) 홀짝이다, 조금씩 마시다
ⓝ (아주 적은 양의) 한 모금

💡 **sip** milk from a glass
컵에 든 우유를 홀짝거리며 마시다
take a **sip** 한 모금 마시다

---

874 ★★
spacious
[spéiʃəs]

adj 넓은, 광범위한
spaciously adv 넓게

💡 a **spacious** dining room 넓은 식당
a **spacious** accommodation
넓은 숙박 시설

---

875 ★★
sprinkle
[spríŋkl]

ⓥ (액체, 가루 등을) 뿌리다

💡 **sprinkle** some pepper over the
top 위에 후추를 조금 뿌리다
sprinkle water on the flowers
꽃에 물을 뿌려 주다

---

876 ★★
stir
[stə́ːr]

ⓥ 휘젓다, 뒤섞다

💡 **stir** sliced mushrooms into rice
밥에 얇게 썬 버섯을 넣고 뒤섞다

877 ★★
stuffed
[stʌft]

adj 잔뜩 먹은, 속을 채운

stuff n 물건, 일 v 채워 넣다, 음식에 소를 넣다, 포식하다

💡 **stuff** a dumpling with meat
고기를 만두소에 채우다

stuffed animals 박제된 동물

---

878 ★★★
tab
[tæb]

n 계산서

💡 pick up the **tab** 음식값을 지불하다

put a bottle of beer on a **tab**
맥주 한 병을 외상으로 달다

---

879 ★
taste
[téist]

v 맛보다, 맛이 나다
n 맛

tasty adj 맛있는

💡 **taste** bitter 쓴맛이 나다

---

880 ★
vegetarian
[vèdʒətɛ́əriən]

n 채식주의자

💡 order a **vegetarian** meal
채식주의자용 식사를 주문하다

☐ **appetizer** [ǽpətàizər]	n. 애피타이저, 전채 요리
☐ **batter** [bǽtər]	n. 반죽
☐ **beverage** [bévəridʒ]	n. 음료
☐ **bewilder** [biwíldər]	v. 당황하게 하다
☐ **bite** [báit]	n. 한 입 v. 물다
☐ **blend** [blénd]	v. 섞다, 혼합하다
☐ **bottle** [bátl]	n. 병
☐ **buffet** [bəféi]	n. 뷔페
☐ **cereal** [síəriəl]	n. 시리얼
☐ **chef** [ʃéf]	n. 요리사
☐ **chop** [tʃáp]	v. 잘게 썰다
☐ **dessert** [dizə́:rt]	n. 후식
☐ **devour** [diváuər]	v. 게걸스럽게 먹다
☐ **diner** [dáinər]	n. 식사하는 사람
☐ **frozen food products**	냉동식품
☐ **get the food ready**	음식을 준비하다
☐ **grab a bite**	간단히 먹다
☐ **grain** [gréin]	n. 곡물
☐ **grill** [gríl]	n. 석쇠
☐ **grind** [gráind]	v. 가루로 만들다
☐ **gulp** [gʌ́lp]	v. 꿀꺽꿀꺽 마시다
☐ **homemade** [hóumméid]	adj. 집에서 만든
☐ **intake** [íntèik]	n. 섭취량

☐ **lick** [lík]	v. 핥다
☐ **lost and found**	분실물 보관소
☐ **meal** [mí:l]	n. 식사
☐ **overbook** [òuvərbúk]	v. 정원 이상으로 예약을 받다
☐ **parlor** [pá:rlər]	n. 가게, 거실
☐ **pleasant** [plézənt]	adj. 유쾌한
☐ **popular** [pápjulər]	adj. 인기 있는, 일반적인
☐ **pot** [pát]	n. (속이 깊은) 냄비
☐ **potholder** [páthòuldər]	n. 뜨거운 냄비를 들 때 쓰는 천
☐ **preheat** [pri:hí:t]	v. (오븐을) 예열하다
☐ **refreshment** [rifréʃmənt]	p. 다과
☐ **salt-free**	소금을 첨가하지 않은
☐ **scorch** [skɔ́:rtʃ]	v. 태우다, 그슬리다
☐ **slice** [sláis]	n. 얇게 썬 한 조각 v. 얇게 썰다
☐ **slurp** [slə́:rp]	v. 소리 내어 마시다
☐ **spice** [spáis]	n. 양념, 향신료
☐ **spicy** [spáisi]	adj. 매운
☐ **spill** [spíl]	v. 엎지르다
☐ **squeaky** [skwí:ki]	adj. 삐걱대는
☐ **starve** [stá:rv]	v. 굶주리다
☐ **tablecloth** [téiblklɔ̀:θ]	n. 식탁보
☐ **teapot** [tí:pàt]	n. 찻주전자
☐ **tray** [tréi]	n. 쟁반

Day 22

식탐

ⓐ **artificial** ☐	ⓑ **bill** ☐	ⓒ **catered** ☐
ⓓ **complimentary** ☐	ⓔ **garnishes** ☐	ⓕ **gourmet** ☐
ⓖ **ingredients** ☐	ⓗ **leftovers** ☐	ⓘ **reserves** ☐
ⓙ **sip** ☐		

1. Alex is a(n) _____ chef who trained in France and Italy.

2. At most Mexican food restaurants, the chips and salsa are _____.

3. I like this restaurant because it never serves food with _____ additives.

4. It was Mary's turn to pay the _____, so she got out her credit card.

5. Last night, David and Alice had _____ from Sunday's dinner.

6. The chef uses elegant _____ to make dishes beautiful and delicious.

7. The committee decided to have the party _____ rather than go out to a restaurant.

8. This liquor is very strong, and you should only take one _____ at a time.

9. We have a second refrigerator in the garage to keep _____ of frozen food.

10. We use only the freshest _____ grown on local farms.

1. ⓕ 2. ⓓ 3. ⓐ 4. ⓑ 5. ⓗ 6. ⓔ 7. ⓒ 8. ⓙ 9. ⓘ 10. ⓖ

Day

23

일상생활 1

단어 공부도 슬슬 마무리할 시간

Daily Life

---

881 ★★
access
[ǽkses]

ⓝ 이용 권한, 접근
ⓥ 접근하다, 도달하다
accessible [adj] 출입[이용]할 수 있는

💡 have **access** to the Internet
인터넷을 이용할 수 있다
easily[readily] **accessible**
쉽게 접근할 수 있는

---

882 ★★★
adamantly
[ǽdəməntli]

[adv] 단호하게, 완강하게
adamant [adj] 단호한

💡 **adamantly** opposed 완강히 반대하는
an **adamant** refusal 단호한 거절

---

883 ★★
adequately
[ǽdikwitli]

[adv] 충분히, 적절히
adequate [adj] 충분한, 적절한

💡 **adequately** addressed 적절히 처리된

---

884 ★★★
adjust
[ədʒʌ́st]

ⓥ 조절하다, 적응하다
adjustable [adj] 조정할 수 있는

💡 **adjust** the temperature
온도를 조절하다
an **adjustable** bed
길이나 높이를 조절할 수 있는 침대

885 ★★★
aptitude
[ǽptətjùːd]

ⓝ 소질, 재능, 적성

💡 **aptitude** for art 예술 분야의 소질
an **aptitude** test 적성 검사

---

886 ★
athletic
[æθlétik]

adj 운동의, 강건한

💡 **athletic** equipment 스포츠 장비
an **athletic** figure 건강한 몸

---

887 ★★★
capacity
[kəpǽsəti]

ⓝ 수용력, (건물, 탈것 등의) 정원, 역량

💡 limited **capacity** 제한적 용량
filled to **capacity** 최대 한계 용량까지 찬

---

888 ★★
cease
[síːs]

ⓥ 그만두다, 중지하다
ⓝ 중지

💡 **cease** work 일을 그만두다
without **cease** 끊임없이

Day 23

의사소통 1
필수어휘 1

889 ★★★
competence
[kámpətəns]

🄝 능력, (법률) 권한

competent (adj) 능숙한, 권한이 있는

💡 communicative **competence**
의사소통 능력
exceed his **competence**
권한을 넘어서다

890 ★★
compose
[kəmpóuz]

🅥 구성하다, 작곡하다, (감정 등을) 가다듬다

composer 🄝 작곡가

composition 🄝 구성, 작곡

💡 **composed** of 100 members
100명의 회원들로 구성된
make an effort to **compose**
herself 마음을 가다듬으려 노력하다
the **composition** of water
물의 구성 성분

891 ★★★
conceal
[kənsíːl]

🅥 감추다, 숨기다

💡 **conceal** her disappointment
실망감을 감추다

892 ★
concentrate
[kánsəntrèit]

🅥 집중하다, 집중시키다

💡 **concentrate** on studying
공부에 집중하다

893 *

considerable

[kənsídərəbl]

adj 상당한

considerably adv 상당히, 꽤

considering prep ~을 고려하면

💡 **considerable** efforts 상당한 노력

considerably improved quality

상당히 개선된 품질

---

894 **

decisive

[disáisiv]

adj 결정적인, 단호한

💡 a **decisive** factor 결정적 요인

a **decisive** action 단호한 행동

---

895 **

deliberate

v [dilíbərèit]
adj [dilíbərət]

v 숙고하다

adj 고의적인, 신중한

deliberately adv 고의적으로, 신중하게

💡 **deliberate** for a long time

오랫동안 숙고하다

deliberately start a fire

고의적으로 불을 지르다

---

896 *

delivery

[dilívəri]

n 배달

💡 options for **delivery** 배달 옵션

an urgent **delivery** 긴급 배달

897 ★★
depict
[dipíkt]

ⓥ 설명하다, 그리다, 묘사하다
depiction ⓝ 묘사, 서술
depictive adj 묘사적인

💡 **depict** the situation in great detail
상황을 매우 자세히 설명하다

---

898 ★★
enthusiastic
[inθùːziǽstik]

adj 열렬한, 열정적인
enthusiasm ⓝ 열광, 열정

💡 **enthusiastic** about learning
배움에 열성적인

---

899 ★
exhibition
[èksəbíʃən]

ⓝ 전람(회), 전시(회)
exhibitor ⓝ 전시회를 열고 있는 사람

💡 an **exhibition** on Claude Monet
클로드 모네에 대한 전시회
on **exhibition** 전시 중인

---

900 ★★
faculty
[fǽkəlti]

ⓝ 대학 교수진, (대학의) 학과, 능력

💡 college[university] **faculty**
대학 교수진
the **faculty** of law 법학부

901 ★★
fluent
[flúːənt]

`adj` 유창한

fluency `n` 유창함

💡 **fluent** in English 영어가 유창한
with great **fluency** 매우 유창하게

---

902 ★★
following
[fálouiŋ]

`prep` ~의 후에
`adj` 다음의

💡 **following** the approval of the new
business plan
새로운 사업 계획의 승인에 이어
the **following** year 이듬해

---

903 ★★
identical
[aidéntikəl]

`adj` 동일한, 똑같은

identity `n` 동일함, 신원, 독자성

💡 an **identical** twin 일란성 쌍둥이
an **identical** equation 항등식(恒等式)
lose his **identity** 주체성을 잃다

---

904 ★★
identification
[aidèntəfikéiʃən]

`n` 동일함, 신원 확인

identify `v` (신원을) 확인하다, 발견하다

💡 a car's **identification** plate
(자동차 등의) 등록 번호판
user **identification** 사용자 식별 번호
identify diseases 질병을 확인하다

905 ★★★
incur
[inkə́ːr]

Ⓥ (좋지 못한 상황을) 초래하다

💡 **incur** great expenses
막대한 지출을 초래하다

---

906 ★★
informative
[infɔ́ːrmətiv]

adj 유익한, 정보를 제공하는

informatively adv 유익하게

💡 a useful and **informative** website
유용하고 유익한 웹 사이트

informative articles 유익한 기사

---

907 ★★★
inspiration
[ìnspəréiʃən]

ⓝ 영감

inspire Ⓥ 영감을 주다

inspirational adj 영감의

💡 have an **inspiration** 영감이 떠오르다

inspired by the Bible
성경에서 영감을 받은

---

908 ★★
instructive
[instrʌ́ktiv]

adj 유익한, 교육적인

instruct Ⓥ 가르치다, 지시하다

instruction ⓝ 사용 설명서, 교육, 지시

💡 **instructive** material 교육적인 자료

step-by-step **instructions**
단계별 지시 사항

909 *
polish
[páliʃ]

ⓥ 닦다, 광을 내다

💡 professionally **polished** windows
전문적으로 광택 처리된 창문

---

910 **
principle
[prínsəpl]

ⓝ 원리, 원칙, 신조

💡 an underlying **principle** 근본 원칙

---

911 **
remote
[rimóut]

adj 멀리 떨어진, 원격의

💡 **remote** from the downtown
시내에서 멀리 떨어진

remote control devices
원격 조정 장치

---

912 *
routine
[ru:tí:n]

adj 일상의, 정기적인, 틀에 박힌

ⓝ 일과, 판에 박힌 일

💡 a daily **routine** 일상

routine work 일상 업무

913 ★★
sensitivity
[sènsətívəti]

ⓝ 민감성, 감수성

💡 cross-cultural **sensitivity**
이질(異質) 문화 간의 민감성

---

914 ★★★
solicit
[səlísit]

ⓥ 요청하다, 간청하다
solicitation ⓝ 간청

💡 **solicit** a favor 부탁하다
door-to-door **solicitation**
집집마다 다니며 물건을 파는 행위

---

915 ★
solid
[sálid]

adj 견고한, (다른 물질이 섞이지 않은) 순수한
solidify ⓥ 굳어지다, 굳히다

💡 a **solid** reason 근거가 확실한 이유
vote **solid** 만장일치로 투표하다

---

916 ★
stage
[stéidʒ]

ⓝ 무대, 단계
ⓥ 상연하다

💡 set the **stage** for the event
행사를 위한 무대를 준비하다
stage a play 연극을 무대에 올리다

917 ★★★
stain
[stéin]

ⓝ 지우기 힘든 얼룩, 오점

ⓥ 얼룩지다, 오점을 남기다

💡 wash an ink **stain** out
잉크 얼룩을 씻어내다

stain her reputation 명성을 더럽히다

---

918 ★★
state-of-the-art
[stéitəvðiá:rt]

adj 최신식의

💡 equipped with **state-of-the-art** technology 최신 기술을 갖춘

---

919 ★
update
[ʌ́pdèit]

ⓥ 새롭게 하다, 최신의 것으로 하다

ⓝ 갱신, 개정

💡 **update** the computer software
컴퓨터 소프트웨어를 최신의 것으로 하다

release the annual budget **update**
새로운 연례 예산안을 발표하다

---

920 ★
workout
[wə́:rkàut]

ⓝ 운동, 연습

💡 get an intense **workout**
심한 운동을 하다

☐ **alumni** [əlʌ́mnai] n. 동창생

☐ **blackout** [blǽkàut] n. 정전

☐ **built-in** 붙박이의

☐ **ceiling** [síːliŋ] n. 천장

☐ **clip** [klíp] v. 자르다, 깎다

☐ **curriculum** [kəríkjuləm] n. 교과과정

☐ **dean** [díːn] n. 학장

☐ **degree** [digríː] n. 학위, (각도, 온도의 단위) 도

☐ **dilute** [dailúːt] v. 묽게 하다

☐ **diploma** [diplóumə] n. 졸업 증서

☐ **discovery** [diskʌ́vəri] n. 발견

☐ **drape** [dréip] v. 장식하다, 걸치다 n. 휘장

☐ **excavation** [èkskəvéiʃən] n. 발굴

☐ **experimental** [ikspèrəméntl] adj. 실험의

☐ **explain** [ikspléin] v. 설명하다

☐ **faucet** [fɔ́ːsit] n. 수도꼭지

☐ **finding** [fáindiŋ] p. 발견(물)

☐ **gadget** [gǽdʒit] n. 간단한 도구

☐ **grasp** [grǽsp] v. 이해하다, 파악하다
n. 이해력, 통제

☐ **housewares** [háuswɛ̀ərz] n. 가정용품

☐ **instructor** [instrʌ́ktər] n. 강사

☐ **lecture** [léktʃər]	n. 강의 v. 강의하다
☐ **mainland** [méinlænd]	n. 본토
☐ **mathematical formula**	수학 공식
☐ **paper** [péipər]	p. 서류, 신문
☐ **phase** [féiz]	n. 양상, 단계
☐ **plumber** [plʌ́mər]	n. 배관공
☐ **preach** [príːtʃ]	v. 설교하다, 충고하다
☐ **proportion** [prəpɔ́ːrʃən]	n. 비율, 부분, 몫
☐ **rake** [réik]	v. 갈퀴질하다 n. 갈퀴
☐ **recollection** [rèkəlékʃən]	n. 회상, 회고
☐ **recreation** [rèkriéiʃən]	n. 오락, 기분 전환
☐ **remembrance** [rimémbrəns]	n. 추억
☐ **rush** [rʌ́ʃ]	v. 서두르다
☐ **search** [sə́ːrtʃ]	n. 수색, 조사 v. 찾다, 수색하다
☐ **self-esteem**	자부심
☐ **semester** [siméstər]	n. 학기
☐ **slope** [slóup]	n. 비탈 v. 경사지다
☐ **surface** [sə́ːrfis]	n. 표면
☐ **tap** [tǽp]	n. (수도의) 꼭지
☐ **trim** [trím]	v. 다듬다
☐ **undergraduate** [ʌ̀ndərgrǽdʒuit]	n. 대학생

Daily TEST

보기 속 단어의 의미를 알고 있는지 확인하고, 빈칸에 적절한 단어를 고르세요.

ⓐ adjust ☐	ⓑ aptitude ☐	ⓒ capacity ☐
ⓓ compose ☐	ⓔ delivery ☐	ⓕ depicted ☐
ⓖ enthusiastic ☐	ⓗ faculty ☐	ⓘ fluent ☐
ⓙ routine ☐		

1 John has a(n) _____ for numbers and would make an excellent accountant.

2 Creating a(n) _____ for children is extremely important for their health and happiness.

3 David isn't _____ in Spanish, but he speaks well in casual conversation.

4 I tried to _____ myself, but the joke was so funny I had to laugh.

5 Major life changes are incredibly difficult to _____ to and can cause stress.

6 Mark effectively conveyed the importance of on-time _____ to the drivers.

7 The performance hall was filled to _____ when the famous pianist came to town.

8 The speech at the conference made me _____ about my work again.

9 The story _____ ordinary life so beautifully and with such great detail.

10 University _____ determine which students are admitted to the program.

1. ⓑ 2. ⓙ 3. ⓘ 4. ⓓ 5. ⓐ 6. ⓔ 7. ⓒ 8. ⓖ 9. ⓕ 10. ⓗ

Day

24

일상생활 2

준비 완료! 이제 시험 보러 갈까?

Daily Life

---

921 ★★★
abstract
Ⓥ adj [ǽbstrǽkt]
ⓝ [ǽbstrækt]

adj 추상적인, 추상파의
Ⓥ 추상하다, 발췌하다
ⓝ 개요, 발췌
abstractive adj 추상적인

💡 fairly **abstract** for younger children
어린아이들에게는 상당히 추상적인
abstract art 추상 예술

---

922 ★★
advocate
ⓝ [ǽdvəkət]
Ⓥ [ǽdvəkèit]

ⓝ 옹호자, 변호사
Ⓥ 주장하다
advocacy ⓝ 옹호

💡 an **advocate** of democracy
민주주의의 옹호자

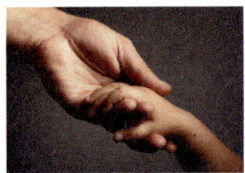

---

923 ★★★
ambiance
[ǽmbiəns]

ⓝ (장소의) 분위기

💡 have a great **ambiance** 분위기가 좋다

---

924 ★
avoid
[əvɔ́id]

Ⓥ 피하다
avoidance ⓝ 기피, 무효

💡 **avoid** prolonged exposure to heat
열기에 장시간 노출되는 것을 피하다

---

925 ★★★
capable
[kéipəbl]

adj 유능한, 가능한

capability ⓝ 능력

💡 a **capable** businessman
유능한 사업가

---

926 ★
clearly
[klíərli]

adv 뚜렷하게, 명확히

clear adj 명백한

💡 indicate **clearly** on the document
서류에 명시하다

clearly specified in the contract
계약서에 분명히 나와 있는

---

927 ★
compare
[kəmpɛ́ər]

ⓥ 비교하다, 비유하다, 필적하다

comparison ⓝ 비교, 유사

comparative adj 비교의

💡 **compare** products 제품들을 비교하다

comparatively effective
상당히 효과적인

---

928 ★★★
compromise
[kámprəmàiz]

ⓝ 타협, 절충안

ⓥ 타협하다, 양보하다

💡 reach a **compromise** 타협하다

929 ⭐⭐
condense
[kəndéns]

🔵 **ⓥ** 간소화하다, (기체가) 응결되다, (액체가) 농축되다

💡 **condense** the current training course 현재 훈련 과정을 간소화하다
condensed milk 연유

---

930 ⭐
connect
[kənékt]

🔵 **ⓥ** (전화, 컴퓨터 등으로) 연결하다

💡 **connect** on social networking sites 소셜 네트워크 사이트에 접속하다

---

931 ⭐⭐
consist
[kənsíst]

🔵 **ⓥ** 이루어지다, 구성되다

💡 **consist** of eight chapters 8장으로 구성되다

---

932 ⭐⭐
contrary
[kɑ́ntreri]

🔵 **adj** 반대의

🔵 **ⓝ** 정반대

💡 **contrary** to popular belief 일반적인 믿음과는 달리
on the contrary 반대로

933 ⭐⭐
contrast
ⓝ[kántræst]
ⓥ[kəntrǽst]

ⓝ 대조, 차이

ⓥ 대조하다

💡 show a **contrast** between two products
두 제품을 대조시켜 보여주다

---

934 ⭐
critical
[krítikəl]

adj 비판적인, 비평가의, 결정적인

criticize ⓥ 비판[비평]하다

critic ⓝ 비평가

💡 **critical** of the movie
영화에 대해 비판적인

perform **critical** tasks
중요한 임무를 수행하다

---

935 ⭐
dependent
[dipéndənt]

adj 달려 있는, 의존하는

depend ⓥ 매달리다, 의존하다

💡 **dependent** on fossil fuels
화석 연료에 의존하는

---

936 ⭐
direct
[dirékt]

adj 직접적인, 직행의

directly adv 곧바로

💡 make a **direct** call 직통 전화를 걸다

directly opposite to that building
저 건물 바로 맞은편인

937 ★
enable
[inéibl]

ⓥ ~할 수 있게 하다

💡 **enable** people to send text messages
사람들이 문자 메시지를 보낼 수 있도록 하다

---

938 ★
explore
[ikspló:r]

ⓥ (문제를) 조사하다, 탐험하다
exploration ⓝ 답사, 탐구
exploratory adj 답사의, 예비적인

💡 **explore** the possibilities for improvement 개선 가능성을 조사하다

---

939 ★
express
[iksprés]

ⓝ 속달 우편, (열차, 버스 등의) 급행
ⓥ 표현하다, 나타내다

💡 send the package by **express**
속달 우편으로 소포를 보내다
express concern 우려를 표하다

---

940 ★★
factual
[fǽktʃuəl]

adj 사실의, 실제의
factually adv 실제로

💡 a **factual** report 사실에 근거한 보고
give a **factual** account of events
사건에 대해 사실에 입각하여 설명하다

941 ✦
fold
[fóuld]

ⓥ 접다, 팔짱 끼다
folder ⓝ 서류철, 폴더
folding adj 접는, 접을 수 있는

💡 **fold** a shopping bag 쇼핑 봉투를 접다
have her arms **folded** 팔짱을 끼다
a **folding** chair 접이식 의자

---

942 ✦✦
fundamental
[fʌndəméntl]

adj 기본적인, 근본적인
fundamentally adv 기본적으로

💡 **fundamental** knowledge 기본 지식

---

943 ✦✦
gauge
[géidʒ]

ⓥ 측정하다
ⓝ 측정 기준, 계량기

💡 **gauge** the reaction of the consumers 소비자 반응을 평가하다

---

944 ✦✦
initially
[iníʃəli]

adv 초기에, 원래는
initial ⓝ 머리글자, (이름의) 이니셜
adj 초기의

💡 before the **initially** planned date
당초 계획된 날짜 전에

945 ★★★
intent
[intént]

adj (시선, 주의가) 집중된, 몰두하는
intently adv 골똘하게, 오로지

💡 **intent** on the task at hand
코앞에 닥친 일에 여념이 없는
listen **intently** to her teacher
선생님의 말을 귀 기울여 듣다

946 ★★★
intermission
[ìntərmíʃən]

n (연극, 공연 등의) 휴식 시간
intermit v 잠시 멈추다, 중단시키다

💡 a 10 minute **intermission**
10분간의 휴식 시간

947 ★★★
momentum
[mouméntəm]

n 추진력, (일의 진행에 있어서) 탄력[가속도]

💡 gain[gather] **momentum**
탄력이 붙다, 가속화하다

948 ★★
nourish
[nə́:riʃ]

v 영양분을 주다, 장려하다
nourishment n 영양분

💡 live a **nourished** and healthy life
영양 상태가 좋고 건강한 삶을 살다
nourish a hope 희망을 키우다

949 ★
occur
[əkə́ːr]

ⓥ 일어나다, 발생하다

💡 **occur** in childhood
어린 시절에 일어나다
frequently **occur** 빈번히 발생하다

---

950 ★
outcome
[áutkʌ̀m]

ⓝ 결과, 결론

💡 determine the **outcome** 결말을 짓다
the **outcome** of the economic slowdown 경기 침체의 결과

---

951 ★★★
persistent
[pərsístənt]

adj 완고한, 불굴의, 끝까지 해내는

💡 **persistent** work 끊임없는 노력
persistent speculation[rumors]
끊이지 않는 추측[소문]

---

952 ★★
precede
[prisíːd]

ⓥ (~보다) 앞서다, 중요하다
precedent ⓝ 전례
unprecedented adj 전례가 없는

💡 **precede** all the others
다른 것들보다 앞서다
unprecedented in history
역사상 전례가 없는

953 ★
realistic
[rìːəlístik]

adj 현실적인
realistically adv 현실성 있게, 사실적으로

💡 a **realistic** proposal 현실적인 제안
think **realistically** about her future
미래에 대해 현실적으로 생각하다

---

954 ★★
sacrifice
[sǽkrəfàis]

v 포기하다, 희생하다
n 희생, 제물
sacrificial adj 희생의, 헌신적인

💡 **sacrifice** sleep for playing video
games 비디오 게임을 하려고 잠을 포기하다
offer a **sacrifice** 제물을 바치다

---

955 ★★★
scheme
[skíːm]

n 계획(안), 계략

💡 a pension **scheme** 연금 제도
a **scheme** to steal money
돈을 훔칠 계략

---

956 ★
screen
[skríːn]

v 심사하다, 선발하다
n 화면, 칸막이

💡 **screen** the candidates
후보들을 심사하다
appear on the TV **screen**
TV 화면에 나타나다

957 ★★
strain
[stréin]

- ⓥ (너무 써서) 상하게 하다, 잡아당기다, 긴장시키다
- ⓝ 팽팽함, 긴장(감), 압박(감)

💡 **strain** a muscle 근육을 혹사하다
strain every nerve 온갖 노력을 다하다

---

958 ★★
suspend
[səspénd]

- ⓥ (일시) 정지하다, 정학시키다
- suspense ⓝ 불안, 걱정
- suspension ⓝ 미결정, 보류

💡 **suspended** from school
정학 처분을 받은

---

959 ★★
tolerate
[tálərèit]

- ⓥ 참다
- tolerance ⓝ 관용, 관대
- tolerant adj 관대한

💡 **tolerate** being told stupid
남들이 바보라고 부르는 것을 참다

---

960 ★
vision
[víʒən]

- ⓝ 통찰력, 시력
- visual adj 시각의
- visionary adj 선구적인

💡 a man of **vision** 통찰력 있는 사람
the range of **vision** 가시거리

의사소통 중요상황 2

Day 24

☐ **absorbing** [æbsɔ́ːrbiŋ]　　adj. 흥미진진한

☐ **accost** [əkɔ́ːst]　　v. (무례하게) 다가가 말을 걸다

☐ **botanical** [bətǽnikəl]　　adj. 식물의

☐ **breakthrough** [bréikθrùː]　　n. 진전, 성과, 중요한 발견

☐ **collection** [kəlékʃən]　　n. 수집(물), 소장(품), 징수

☐ **commonplace**　　adj. 평범한, 흔한
　　[kámənplèis]　　n. 흔한 일

☐ **confront** [kənfrʌ́nt]　　v. 마주 보다

☐ **converse** [kənvə́ːrs]　　v. 대화하다

☐ **covert** [kʌ́vərt]　　adj. 덮인, 은밀한　n. 은신처

☐ **cultivation** [kʌ̀ltəvéiʃən]　　n. 양성, 수양

☐ **curious** [kjúəriəs]　　adj. 호기심 많은, 궁금해하는

☐ **delete** [dilíːt]　　v. 삭제하다

☐ **detergent** [ditə́ːrdʒənt]　　n. 세제

☐ **deviate** [díːvièit]　　v. (일상, 예상 등을) 벗어나다

☐ **dispatch** [dispǽtʃ]　　v. (소포 등을) 발송하다

☐ **frustrate** [frʌ́streit]　　v. 좌절시키다

☐ **hilarious** [hilɛ́əriəs]　　adj. 유쾌한, 즐거운

☐ **indulge** [indʌ́ldʒ]　　v. 마음껏 하다, 탐닉하다

☐ **meaningful** [míːniŋfəl]　　adj. 의미 있는, 중요한

☐ **meditation** [mèditéiʃən]　　n. 숙고

☐ **monotone** [mánətòun]　　adj. 단조로운　n. 단조로움

☐ **obsessive** [əbsésiv]　　adj. 강박 관념의, 망상의

☐ **parcel** [pá:rsəl]	n. 소포
☐ **perception** [pərsépʃən]	n. 인지력
☐ **postage** [póustidʒ]	n. 우편 요금, 우송료
☐ **postal code**	우편 번호
☐ **regard** [rigá:rd]	v. 간주하다, (~라고) 여기다 n. 관심, 배려
☐ **relaxing** [rilǽksiŋ]	adj. 긴장을 풀어 주는
☐ **ridiculous** [ridíkjuləs]	adj. 우스꽝스러운, 터무니없는
☐ **rinse** [ríns]	v. 헹구다
☐ **sanitary** [sǽnitèri]	adj. 위생의
☐ **scent** [sént]	n. 향기
☐ **sparse** [spá:rs]	adj. (인구 등이) 희박한
☐ **stool** [stú:l]	n. (등받이가 없는) 의자
☐ **stopover** [stápòuvər]	n. 단기 체류(지), 도중하차
☐ **straightforward** [strèitfɔ́:rwərd]	adj. 정직한, 간단한
☐ **strong-willed**	의지가 강한, 완고한
☐ **tear** [tɛ́ər]	v. 찢다
☐ **utensil** [ju:ténsəl]	n. 가정용품
☐ **vivid** [vívid]	adj. 생생한, 선명한
☐ **wardrobe** [wɔ́:rdròub]	n. 옷장
☐ **yearn** [jə́:rn]	v. 열망하다, 동경하다
☐ **yell** [jél]	v. 소리치다
☐ **zealous** [zéləs]	adj. 열심인, 열광적인

Daily TEST

보기 속 단어의 의미를 알고 있는지 확인하고, 빈칸에 적절한 단어를 고르세요.

ⓐ capable ☐	ⓑ compromised ☐	ⓒ connected ☐
ⓓ consisted ☐	ⓔ contrast ☐	ⓕ dependent ☐
ⓖ fundamental ☐	ⓗ initially ☐	ⓘ momentum ☐
ⓙ suspended ☐		

1 At his high school reunion, Mark _____ with a number of old friends.

2 Getting into college is _____ upon making good grades and participating in school activities.

3 I've _____ my plans to travel to Spain until I'm able to save more money.

4 In _____ with last summer's trip, this one went much more smoothly.

5 It's important that children master _____ skills before deepening their knowledge.

6 Margaret is _____ of leading the organization and overseeing its finances.

7 Moved by the music, the audience gathered _____ and everyone was dancing.

8 The evening _____ of dinner, drinks, and a performance by a local singer.

9 The sisters _____ and agreed to split the cost of the plane ticket.

10 We _____ wanted a three-bedroom home, but changed our minds and bought something smaller.

Index

Index

Index

Index

Index

Index

Index

Index

Index

G

Index

Index

Index

Index

Index

409

Index

Index

Index

Index

Index

Index

Memo

NEXUS ENGLISH PROGRAM
다음 세기를 준비하는 진취적인 출판 정신

TOEIC 파트별 실전 문제
PART 1~4 / PART 5&6 / PART 7

차원이 전혀 다른 토익 파트별 모의고사

토익 실전반 명강사들의 노하우와 고득점 전략을 담은 파트별 모의고사로 빈출 어휘 및 테스트지를 별도로 제공한다. (저자 동영상 강의 제공)

토익 실전 1000제 LC+RC 5회

정답+해설+1000문제 모의고사

대한민국 최고의 토익 강사가 제시하는 최신 경향 토익 문제를 한 권에 수록하였다. 문제+정답+스크립트+번역+해설+어휘가 한 권에 있어서 추가 부담이 없다. 토익 수험생들이 가장 힘들어 하며 토익 고득점을 위해 반드시 정복해야 하는 영국식 발음을 완벽 대비할 수 있는 부가자료를 제공한다. 또한 미국, 영국, 호주 발음 MP3, LC 받아쓰기 자료를 무료 제공한다.

 함께 만드는 행복한 세상!
- 홈페이지나 블로그 등에 도서에 대한 소중한 의견을 남겨 주세요.
- 도서 기획, 편집에 열정을 가진 분들은 상시 지원해 주세요.

다양한 도서 정보를 제공합니다.
blog.naver.com/nexusbooks
facebook.com/Nexus.content

기독교 서적 소개와 성경 콘텐츠를 제공합니다.
facebook.com/nexuscross

가장 최신 어휘까지 모두 다 있다!

24일 완성, 주제별 토익 단어장
토익 시험에 새로 등장한 최신 기출 어휘
900점 이상을 확실하게 보장하는 고득점 어휘
정기 토익 시험 직전에 봐야 하는 최종 점검 어휘

영·미 발음 MP3 파일 다운로드
www.nexusbook.com

독학용 무료 학습 자료 4종

 어휘 테스트
 2배속 청취 훈련
 예문 받아쓰기
 실전 토익문제

13740
9 791157 525539
ISBN 979-11-5752-553-9
값 15,000원